D1702301

Die Verbandsgemeinde DIEZ
im Wandel der Zeit

Die Verbandsgemeinde DIEZ
im Wandel der Zeit

Geiger-Verlag, Horb am Neckar

Am 21. Februar 1984 hat der Verbandsgemeinderat die Einführung eines Wappens beschlossen und nach Abstimmung mit dem Landeshauptarchiv am 27. März 1984 dem Wappen mit Wappenbeschreibung und Wappenerläuterung zugestimmt.

Wappenbeschreibung:
„Innerhalb eines goldenen, mit 24 blauen Kugeln bestückten Schildbordes, ein in Rot mit schwarzen Fenstern versehenes goldenes Schloß, stilisiert nach dem Aufriß des Schlosses Diez, auf einem in der Mitte durch eine hohe, goldene Stützmauer mit vier Strebepfeilern verstärkten, goldenen Felssockel, der über die ganze Schildbreite aus einem von Blau und Gold wellenförmig geteilten Wellenschildfuß wächst."

Wappenerläuterung:
Die Verbandsgemeinde Diez besteht aus 24 Ortgemeinden einschließlich der Stadt Diez, dargestellt durch die 24 blauen Kugeln im goldenen Schildbord. Sie hat ihren Verwaltungssitz in der Stadt Diez, die sich um die bereits im 11. Jahrhundert von den Grafen von Diez gegründete sogenannte Alte Burg entwickelte und 1329 Stadtrechte erhielt. Die Alte Burg wurde bis ins 19. Jahrhundert mehrfach umgebaut, wodurch sie das Aussehen eines Schlosses bekam. Die Wappenfarben der Grafen von Diez waren Gold und Rot.
1388 fielen Stadt und Burg an die Grafen und nachmals Fürsten von Nassau-Dillenburg, seit 1606 Nassau-Diez, die seit 1815 als Fürsten von Oranien Könige der Niederlande wurden. Gold und Blau sind die Wappenfarben von Nassau.
Der blaue Wellenbalken symbolisiert die den Burgfelsen umfließende Lahn.

Herausgeber: Verbandsgemeinde Diez

Redaktion: Franz Klöckner, Bürgermeister
Manfred Schmidt, Büroleiter
Willi Schmiedel, Rektor
Fred Storto, Stadtarchivar

ISBN 3-89264-569-8

Alle Rechte bei
Verbandsgemeinde Diez
1. Auflage 1991
GD 2066 07 1 BC
Layout: Kaufmann
Gesamtherstellung: Geigerdruck GmbH, Horb am Neckar

Grußwort

Als junger Bub, bis zu meinem 8. Lebensjahr, als unsere Familie verzog, hielt ich mich gerne bei unserem Nachbarn, dem Schuster **Schmitz** auf. Er war ein ehrbarer, kleiner Handwerker, der eine große Familie mit Anstand zu ernähren hatte.
Noch heute glaube ich, jenen unverwechselbaren Geruch in der Nase zu haben, der von einer Schusterwerkstatt nun einmal ausging. Indes, dies ist nostalgische Erinnerung. Wenn ich damals bei ihm „gearbeitet" habe, dann habe ich an vieles gedacht, aber sicher an eines nicht, daß sein ehrbares Handwerk, der Schuhmacher, in wenigen Jahren aussterben werde.
Für vieles trifft das auch in dem hier vorliegenden Bildband zu, denke ich nur an die Fachinger Wasserträger, an die landwirtschaftlichen Hilfsberufe und, und, und ...
Sicher ist heute manche Erinnerung auch nostalgisch verklärt. So schön, wie wir heute glauben, war nicht alles. Aber immerhin: Ich als gut 40jähriger habe nie hungern müssen und mit Verlaub, leben können haben wir früher auch ohne einen Fernseher.
In Ihnen, lieber Leser, werden sicherlich viele Erinnerungen wachwerden, wenn Sie in dem vorliegenden Bildband blättern und lesen. Keine Epoche aus unserer Geschichte haben wir ausgeschlossen. Sie finden in diesem Buch auch die Nazi-Zeit dokumentiert. Wir verherrlichen nicht, aber auch dies sind 12 Jahre unserer Vergangenheit.
Zu dokumentieren und ins Gedächtnis zurückzurufen, ist nicht nur Nostalgie. Ich zitiere einen großen Denker, der gesagt hat, daß nur wer die Vergangenheit bewahrt, seine Zukunft gestalten kann.
Ein besonderer Dank ist heute all denen abzustatten, ohne deren aktive Hilfe dieses Buch nicht möglich gewesen wäre. An erster Stelle nenne ich Herrn Rektor Willi **Schmiedel** (Holzappel) und Herrn Stadtarchivar Fred **Storto** (Diez), die — meist federführend — zusammen mit Herrn Büroleiter Manfred **Schmidt** und mir die Redaktion gebildet haben. Ohne diese Herren läge unser Buch heute nicht vor Ihnen.
Der Dank geht weiter an all diejenigen, die uns mit Bildern sowie Rat und Tat unterstützt haben und die an anderer Stelle auch namentlich aufgeführt sind.
Ich wünsche nunmehr Ihnen, lieber Leser, viel Spaß, blättern Sie, und dann gehen Sie zu Ihrem Schrank und schauen Sie nach, ob Sie nicht auch noch historische Fotos haben aus unserer Verbandsgemeinde, die Sie uns für einen 2. Bildband zur Verfügung stellen können.

Mit freundlichen Grüßen

(Klöckner)

Die Gemeinden der Verbandsgemeinde Diez

	Einwohnerentwicklung				Gemarkungs-fläche	Wald-anteil	Bürgermeister
	1840	1900	1969	1990	ha	ha	1991
Stadt Diez mit Freiendiez	3078	5698	10377	9163	1239	181	Gerhard Maxeiner
Altendiez	564	875	1755	2116	922	509	Robert Wiederstein
Aull	161	230	406	444	218	54	Willi Grün
Balduinstein mit Hausen und Schaumburg	535	585	785	634	517	290	Hermann-Josef Raab
Birlenbach mit Fachingen	774	817	1279	1375	404	121	Dieter Wedlich
Charlottenberg	156	225	183	158	76	14	Richard Bonnet
Cramberg	476	560	548	498	525	178	Helmut Schöps
Dörnberg mit Kalkofen und Dörnberg-Hütte	399	587	600	455	582	248	Friedhelm Adami
Eppenrod	353	440	473	550	698	322	Ewald Weiß
Geilnau	249	322	406	377	225	126	Günter Sprenger
Gückingen	141	307	511	724	234	67	Hans Kröller
Hambach	117	131	283	412	276	172	Albert Häuser
Heistenbach	284	437	883	954	527	249	Theo Brötz
Hirschberg	191	269	331	441	250	94	Otto Reichel
Holzappel	921	818	1029	1042	273	34	Manfred Noll
Holzheim	401	512	700	779	499	174	Helmut Weimar
Horhausen	236	278	305	349	546	348	Oswald Schmidt
Isselbach mit Giershausen und Ruppenrod	331	340	336	356	719	401	Heinrich Schmülling
Langenscheid	519	500	568	561	893	509	Willi Trapp
Laurenburg	190	440	380	371	216	105	Klaus Stubenrauch
Scheidt	227	316	311	288	251	137	Gerhard Lorch
Steinsberg	212	245	205	227	290	108	Emil Schneider
Wasenbach	228	270	325	307	240	87	Bernhard Heyeckhaus
Verbandsgemeinde Diez	10743	15202	22979	22581	10620	4528	Franz Klöckner

Quellen und Literatur zur Einwohnerentwicklung:
1. 1840: C. D. Vogel, Beschreibung des Herzogthums Nassau, Wiesbaden 1843; 2. 1900: Amtliches Kreis-Blatt für den Unterlahnkreis vom 26. und 27. Oktober 1901: Ergebnis der Volkszählung vom 1. 12. 1900; 3. 1969: Rhein-Lahn-Freund 1970, Heildruck Bad Ems: Einwohner am 1. 1. 1969; 4. 1990: Statistik der Verbandsgemeinde Diez vom 31. 12. 1990 (Einwohnermeldeamt): Einwohner mit Erstwohnsitz am 31. 12. 1990.

Verbandsgemeinde Diez

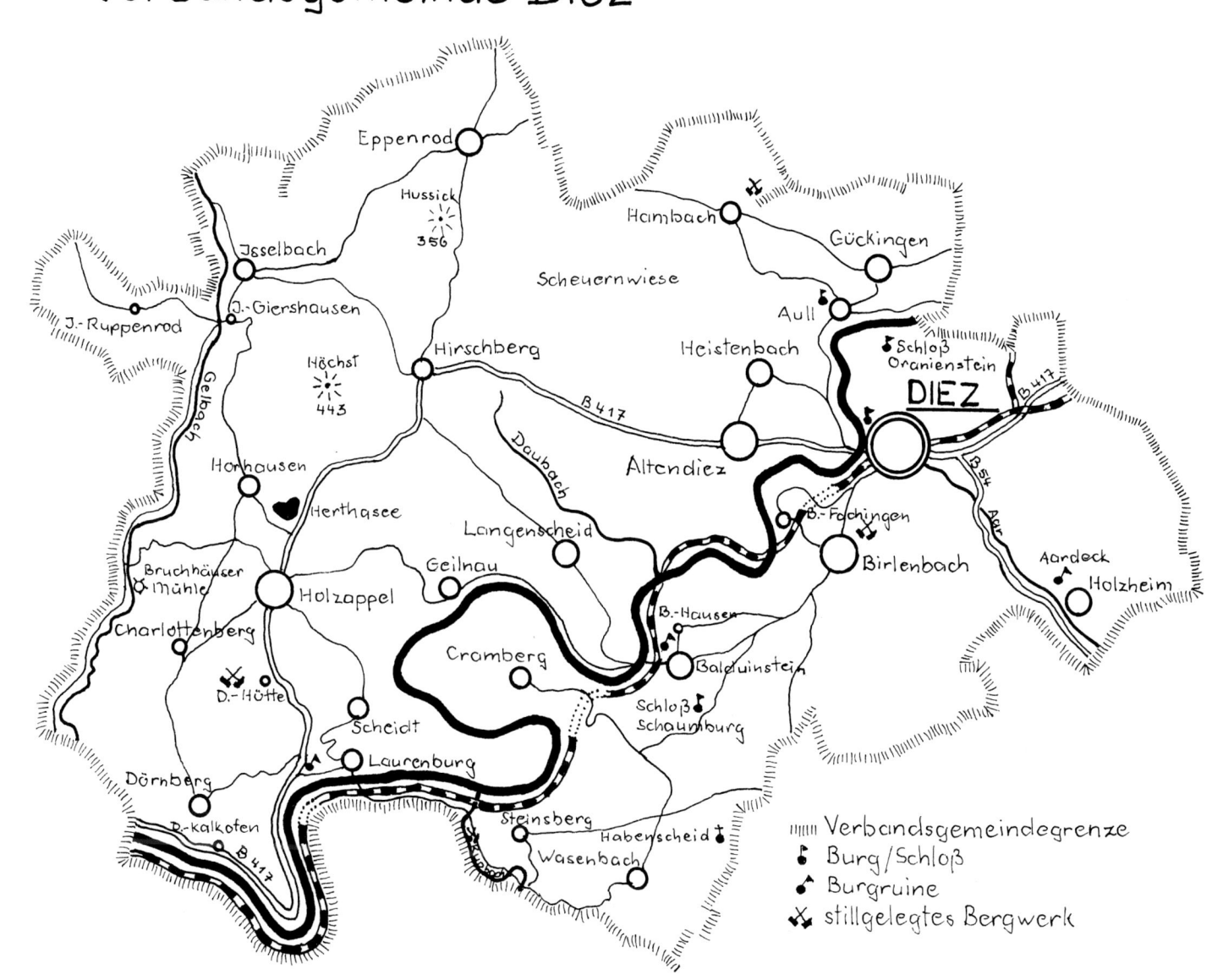

Alfred Maxeiner.

Zur Geschichte der Verbandsgemeinde Diez

Im Rahmen der sog. Funktionalen Verwaltungsreform verabschiedete der Landtag von Rheinland-Pfalz am 22. Oktober 1968 das hart umkämpfte Gesetz über die neue Kreiseinteilung, das am 7. Juni 1969 in Kraft trat.

Danach wurden im Regierungsbezirk Koblenz die Kreise Unterlahn und Loreley aufgelöst und zu dem neuen Rhein-Lahn-Kreis mit Verwaltungssitz in Bad Ems zusammengelegt. Die Kreisverwaltung des vormaligen Unterlahnkreises mit Staatl. Abteilung — seit 1867 in Diez — wurden unter Landrat Rumetsch nach Bad Ems verlegt. Das nun leerstehende Kreishaus in Diez wurde von der später gebildeten Verbandsgemeindeverwaltung übernommen.

Nach den Bestimmungen des zwölften Landesgesetzes über die Verwaltungsvereinfachung im Lande Rheinland-Pfalz vom 1. März 1972 waren innerhalb des neuen Rhein-Lahn-Kreises Verbandsgemeinden zu bilden, zu denen sich nach vielen Verhandlungen jeweils mehrere Ortsgemeinden zusammenschlossen.

Die Verbandsgemeinde Diez wurde am 22. April 1972 gebildet und besteht aus der Stadt Diez und den Ortsgemeinden Altendiez, Aull, Balduinstein, Birlenbach, Charlottenberg, Cramberg, Dörnberg, Eppenrod, Geilnau, Giershausen, Gückingen, Hambach, Heistenbach, Hirschberg, Holzappel, Holzheim, Horhausen, Isselbach, Langenscheid, Laurenburg, Ruppenrod, Schaumburg, Scheidt, Steinsberg, Wasenbach.

Am 26. Mai 1972 fand die konstituierende Sitzung der Verbandsgemeindevertretung statt, in der Bürgermeister Karl Günzler (Diez), zum Verbandsbürgermeister, Kurt Schäfer (Diez), zum ersten (hauptamtlichen) Beigeordneten sowie Richard Schmiedel (Holzappel) und Rolf Müller-Zimmermann (Diez) zu ehrenamtlichen Beigeordneten gewählt wurden.

Mit der Ablehnung der Personalunion durch den Diezer Stadtrat am 22. Juni 1972 endete das Dienstverhältnis des inzwischen zum Verbandsbürgermeister gewählten früheren Stadtbürgermeisters Karl Günzler. Bei der folgenden Neuwahl wählte der Stadtrat nach § 49 GO. Stadtamtmann Rudolf Künzler zum ehrenamtlichen Bürgermeister der Stadt Diez.

Zum Nachfolger des am 16. Dezember 1974 verstorbenen Ersten Beigeordneten Kurt Schäfer wurde am 11. März 1975 Bauamtsleiter Günter Stein berufen.

Verbandsbürgermeister Karl Günzler trat nach Erreichung der Altersgrenze am 30. April 1989 in den Ruhestand. Sein Nachfolger, der Verwaltungsjurist Franz Klöckner, übernahm am 1. Juni 1989 die Leitung der Verbandsgemeinde Diez.

Der Verbandsgemeindevertretung stehen vor:

Verbandsbürgermeister Franz Klöckner, erster Beigeordneter Günter Stein sowie die ehrenamtlichen Beigeordneten Hans Kröller (Gückingen) und Walter Eller (Diez).

Gesetz- und Verordnungsblatt
für das Land Rheinland-Pfalz

1 S 3231 A

1972	Ausgegeben zu Mainz, den 6. März 1972	Nr. 5

Tag	Inhalt	Seite
1.3.1972	Zwölftes Landesgesetz über die Verwaltungsvereinfachung im Lande Rheinland-Pfalz (Bildung von Verbandsgemeinden im ehemaligen Regierungsbezirk Montabaur)	109
1.3.1972	Dreizehntes Landesgesetz über die Verwaltungsvereinfachung im Lande Rheinland-Pfalz (Bildung von Verbandsgemeinden im Regierungsbezirk Rheinhessen-Pfalz)	115
1.3.1972	Vierzehntes Landesgesetz über die Verwaltungsvereinfachung im Lande Rheinland-Pfalz (Eingliederung von Gemeinden im Regierungsbezirk Rheinhessen-Pfalz)	127

§ 10
Verbandsgemeinde Diez

(1) Es wird neu gebildet die Verbandsgemeinde Diez aus

a) der Stadt Diez,

b) den Gemeinden Altendiez, Aull, Balduinstein, Birlenbach, Charlottenberg, Cramberg, Dörnberg, Eppenrod, Geilnau, Giershausen, Gückingen, Hambach, Heistenbach, Hirschberg, Holzappel, Holzheim, Horhausen, Isselbach, Langenscheid, Laurenburg, Ruppenrod, Schaumburg, Scheid, Steinsberg und Wasenbach.

(2) Sitz der Verbandsgemeindeverwaltung ist die Stadt Diez.

Karl Günzler
Verbandsbürgermeister
von 1972–1989
Bürgermeister a. D.

Kurt Schäfer
Erster Beigeordneter
der Verbandsgemeinde
von 1972–1974 †

Günter Stein
Erster Beigeordneter
der Verbandsgemeinde
ab 11. 3. 1975

Zur Geschichte der Stadt Diez

In einer Urkunde Kaiser Karls des Großen wird Diez erstmals im Jahre 790 genannt. Hierin hieß es Theodissa, später Dytze, Didesse, dann Dietze, Dietz, Diez. Obwohl die Grafen von Diez schon um das Jahr 1000 aufgetreten sind und der erste Graf Embricho oder Emmerich gewesen sein soll, dessen dem Namen nach unbekannten Bruder die Erbauung der Diezer Burg — dem Wahrzeichen der Stadt — zugeschrieben wird, läßt sich erst Graf Heinrich von Diez (1101–1117) in der Urkunde Kaiser Heinrichs IV. vom 3. August 1101 als frühester Vertreter des Grafengeschlechts nachweisen. Die Diezer Grafen Heinrich II. und Heinrich III. begleiteten Kaiser Friedrich Barbarossa auf seinem letzten Kreuzzug. Immer mächtiger wurden die Grafen von Diez und ihren großen Besitz nannte man die „Güldene Grafschaft".

Graf Gerhard IV. (1253–1306) und seine Gemahlin Elisabeth von Sayn ließen im Jahre 1289 am Fuße ihrer Burg die St. Marienkirche — die heutige Stiftskirche — erbauen und gleichzeitig ein Kanonikaten- und Vikarienstift entstehen. Kaiser Ludwig IV. der Bayer, verlieh am 24. November 1329 zu Parma seinem treuen Grafen Gottfried für den Ort Diez die Stadtrechte nach Frankfurter Art und Freiheit. Diez wurde daraufhin mit einer Stadtmauer und fünf Toren umgeben.

Im Jahre 1388 fielen Stadt und Grafschaft Diez im Wege der Erbfolge dem Hause Nassau-Dillenburg zu. Erst 1564 beendete der ‚Diezer Vertrag' die langjährigen Gemeinherrschaften der Grafschaft. Im gleichen Jahr führte Graf Johann VI. der Ältere die Reformation ein. Sein Sohn Ernst Casimir (1573–1632) wurde 1606 Stifter der Linie Nassau-Diez, die — mit Oranien vereint — zur Stammlinie des niederländischen Königshauses wurde.

Als Statthalter residierten die Grafen und Fürsten von Diez in den Niederlanden und überließen die Verwaltung des Fürstentums Diez ihren Gemahlinnen. Wilhelm Friedrich von Nassau-Diez — 1656 in den Reichsfürstenstand erhoben — wurde Gemahl der Prinzessin Albertine Agnes von Oranien (1634–1696), der Enkelin Wilhelmus von Nassaue oder Wilhelm von Oranien. Sie ließ von 1672–1684 auf den Grundmauern des zerstörten Benediktinerinnenklosters Dirstein bei Diez Schloß Oranienstein erbauen, das nach 1697 von ihrer Schwiegertochter, der Fürstin-Regentin Henriette Amalie von Anhalt-Dessau-Oranienbaum, zum Barockschloß umgebaut wurde. Unter Fürstin Albertine Agnes begann bereits 1680 der Bau der sogenannten Diezer Neustadt, der von Fürstin Amalie fortgesetzt und nach 1700 beendet wurde.

Ihr Urenkel, Fürst Wilhelm V. von Nassau-Diez-Oranien, schenkte der Stadt ein Waisenhaus und 1796 den Hainwald. Seine Gemahlin Friderike Wilhelmine Sophia von Preußen (1751–1820), die Lieblingsnichte Friedrichs des Großen, errichtete 1805 in der Schulstraße eine Industrieschule. Ihr Sohn Wilhelm VI. (1772–1843) wurde 1815 als Wilhelm I. zum König der Niederlande proklamiert. Diez hatte sich im 18. Jahrhundert bedeutend vergrößert und zu einer blühenden Handelsstadt entwickelt. Lahnschiffe brachten Waren aus den Niederlanden und der Diezer Frucht(Getreide)markt war berühmt.

Nach Errichtung des Herzogtums Nassau zu Beginn des 19. Jahrhunderts wurde Diez Garnisonstadt und ist es bis heute geblieben. 1867 erfolgte der Übergang Nassaus an das Königreich Preußen sowie die Einrichtung einer Königlich-Preußischen Kadettenanstalt im Schloß Oranienstein, die 1918 aufgelöst wurde. Ebenfalls 1867 wurde Diez zur Kreisstadt des neugebildeten Unterlahnkreises bestimmt und erhielt ein Landratsamt. Erster Landrat war Berthold Marcellius Nasse. Zum Unterlahnkreis, der damals 63 891 Einwohner zählte, gehörten bis 1885 außer Diez, Limburg, Nassau und Nastätten noch 116 Landgemeinden.

Erst 1885 erhielt Limburg ein eigenes Landratsamt, der Kreis Limburg wurde gebildet und von dem Unterlahnkreis abgetrennt. Ebenso wurde das Amt Nastätten dem Kreis St. Goarshausen (Loreleykreis) zugeteilt. Heute ist Diez Sitz mehrerer Behörden, so z. B. Finanzamt, Amtsgericht, Katasteramt, Staats- und Straßenbauamt, Wasser- und Schiffahrtsamt, Forstamt, Verbandsgemeindeverwaltung, Justizvollzugsanstalt u. a. m. Ein modernes Krankenhaus und das bekannte Felke-Naturheilbad sowie eine moderne Jugendherberge sind ebenfalls in Diez vorhanden. Die Bundeswehr unterhält im Stadtgebiet drei große Kasernen.

Zahlreiche Handwerks- und Gewerbebetriebe sowie die Ansiedlung mittelständischer Industrieunternehmen unterstreichen die wirtschaftliche Bedeutung der Stadt.

Eine zentrale Stellung nimmt Diez auf dem Bildungssektor ein: Im Schulzentrum im Schläfer befinden sich die weiterführenden Schularten Realschule, Gymnasium und Berufsbildende Schulen. Daneben gibt es in der Stadt zwei Grundschulen, Heimatmuseum, Stadtarchiv sowie eine bedeutende Stadtbibliothek.

Wappen der Stadt Diez:
Roter Wappenschild mit zwei übereinanderstehenden Wappenlöwen in goldgelb, blau bewehrt mit blauen Zungen.

Amtsblatt für Limburg, Diez und Runkel.

N° 87.   Sonntag, den 6. Juli   1862.

Herzogl. Nass. Staats-Eisenbahn.

Samstag den 5. l. Mts. wird die Strecke Nassau-Limburg der Lahn-Eisenbahn mit den Stationen Laurenburg, Balduinstein, Fachingen, Diez und Limburg dem öffentlichen Verkehr übergeben.

Die Tarife für Personen- und Güterbeförderung können auf sämmtlichen Stationen eingesehen werden.

Billete für die Hin- und Rückreise zu ermäßigten Preisen können vorläufig nur zwischen den Stationen Wiesbaden, Rüdesheim, Oberlahnstein, Ems und Nassau einerseits und den Stationen Diez und Limburg andererseits ausgegeben werden.

Abgang und Ankunftszeiten der Züge werden durch den Fahrplan zur öffentlichen Kenntniß gebracht werden.

Wiesbaden, den 2. Juli 1862.

Herzoglich Nassauische Eisenbahn-Direction.

Nach einer Bauzeit von drei Jahren war der Teilabschnitt der Lahntalbahn von Nassau nach Limburg fertiggestellt. Die Betriebseröffnung erfolgte am 6. Juli.

Ab 10. Januar 1863 konnte die gesamte Lahnstrecke von Lahnstein bis Wetzlar befahren werden.
Bild: Ankunft des ersten Zuges in Diez.

Blick vom Geisenberg auf das in der Freiendiezer Gemarkung gelegene Diezer Bahnhofsgelände. Im Vordergrund links der „Viadukt", darüber das Stellwerk. Die Wilhelmstraße ist bis zum Ortseingang von Freiendiez noch mit Ahornbäumen bestanden. Mitte rechts oben: Der Wasserturm, der 1955 niedergelegt wurde.

Im Februar 1908 wurde der Fachinger Tunnel mit Ziegelsteinen verblendet.

Länger als ein halbes Jahrhundert wurden die Personenzüge zwischen Koblenz und Gießen von Dampflokomotiven der 038er- (P 8)-Klasse gezogen.
Die letzte Dampflokfahrt fand am 28. Oktober 1973 statt. Danach wurde die Lahnstrecke nur noch von Dieseltriebwagen befahren.

Als letztes Teilstück der Aartalbahn wurde die Strecke Diez-Zollhaus am 1. Juli 1870 eröffnet. Nun konnte man von Limburg über Diez und Langenschwalbach nach Wiesbaden fahren. Dieser Aarzug, von einer T 3-Lokomotive gezogen, überquert die Limburgerstraße oberhalb des Freiendiezer Denkmals.

116 Jahre diente die Aartalbahn dem Personen- und Güterverkehr zwischen Diez und Wiesbaden. Dann wurde sie stillgelegt.
Der letzte Personenzug, es war ein Dieseltriebwagen, fuhr am 26. September 1986 von Schwalbach über Diez nach Limburg.

Am 23. Januar 1862 wurde die Stadt erstmals mit Gas beleuchtet. Eigentümer der Gasfabrik war Johann Schaefer, späterer Bürgermeister von 1869–1873. Nach Eigentumsübergang produzierten die Stadtwerke bis 1971 Retortengas, das über zwei mächtige Vorratsbehälter in die Diezer Haushalte strömte.
Als 1971 die Anlage auf Erdgas umgestellt wurde, waren diese Gasometer in der Oraniensteinerstraße überflüssig und wurden abgewrackt.

Der technische Leiter und Gasmeister Benzig vor dem Generalgaszähler im Jahre 1925.

Im August 1874 wurde die Freiwillige Feuerwehr Diez gegründet. Markscheider Bimmler, Metzgermeister Jakob Thomas und Bauunternehmer Wilhelm Baltzer waren die ersten Hauptleute. Hauptmann Jean Jung übernahm 1885 den 1. Spritzenzug. Im April 1908 wurde Hauptmann Wilhelm Baltzer (Bildmitte) zum Ehren-Kommandanten ernannt.

Die um 1920 gegründete Kapelle der Freiwilligen Feuerwehr Diez unter ihrem Dirigenten Schlegel (Bildmitte) stellte sich am Ende der Kanalstraße, gegenüber dem Spritzenhaus, dem Fotografen.

Ecke Wilhelm-Luisen- (Louise-Seher-) Straße um 1885. Im Vordergrund läuft der Mühlgraben. Das Haus links gehört zu der Gärtnerei Oser & Co. Der Garten mußte später dem Neubau des Postgebäudes weichen. Die frühere Luisenstraße, die „Zingel", endete in halber Höhe in einer Lehmgrube mit Backsteinbrennerei. In Bildmitte steht das sogenannte Institut von Bismarck. Der Garten des Bender'schen Hauses ist heute von der Rathaus-Apotheke überbaut.

Das Mädchenpensionat Lieber-Dietz-von Bismarck in der heutigen Louise-Seher-Straße. Der Besuch des „Instituts" blieb ausschließlich sogenannten höheren Töchtern vorbehalten, von denen sich 1873 einige stolz dem Fotografen stellten. Das Institut wurde bereits 1909 aufgelöst. Heute befindet sich in diesem Gebäude die Verbandsgemeindeverwaltung Diez.

Eine Gruppe der „höheren" Töchter des Instituts Lieber-Dietz-von Bismarck, aufgenommen im Hausgarten um 1908.

Kochunterricht in der Lehrküche im Erdgeschoß des Instituts.

Gegenüber dem Institut von Bismarck wurde um 1880 das Zivilkasino von der Diezer „Casinogesellschaft" errichtet und betrieben. Lese-, Musikräume und ein großer Theatersaal mit Bühne waren vorhanden. Im Garten konzertierten im Sommer Musikkapellen. Höhepunkte waren die zahlreichen Bälle, zu denen nur Mitglieder, Offiziere und Damen des Instituts Zutritt hatten.
Nach Auflösung der Kasinogesellschaft in den zwanziger Jahren und verschiedener Benutzung wurde das Haus 1960 niedergelegt.

Der Dienstag-Kegelklub der Casinogesellschaft feierte Karneval 1906 ein japanisches Blütenfest. Dabei ließen sich die Angehörigen der Diezer „Haute Volée" fotografieren.

Der unvergessene nassauische Mundartdichter Rudolf Dietz (1863–1942) wirkte von 1883–1898 als Lehrer an der Freiendiezer Volksschule.
Hier sitzt Rudolf Dietz inmitten seiner Schülerinnen und Schüler der Klasse II des Jahrganges 1888 vor der alten Schule, dem späteren Rathaus, in der Oberdorfstraße.

Ihm zu Ehren wurde im Herbst 1932 die Oberdorfstraße in „Rudolf-Dietz-Straße" umbenannt.
Auf einer Haustreppe steht Rudolf Dietz zwischen seinem Sohn und Rektor Fritz Ullius. Davor stehen Bürgermeister Ludolph, Gemeinderechner Römer und ein Gemeinderatsmitglied.

An der Straße nach Aull wurden um 1870 große Kalksteinvorkommen erschlossen. Dort hatte sich die Diezer Kalkindustrie etabliert. Der Kalkstein wurde zuerst in Kuppel- und Schachtöfen gebrannt, die später durch moderne Ringöfen ersetzt wurden, die ein kontinuierliches Kalkbrennen ermöglichten. Aus dem in den Brüchen ständig anfallenden Lehmabraum entstanden Backsteine, die ebenfalls in den Ringöfen gebrannt wurden. Die beiden ersten Ringöfen vor der nach Heistenbach abzweigenden Straße gehörten den Kalkwerken Müller & Schneider. Die unterhalb der St. Peterskirche angelegten Ringöfen standen im Eigentum der Firmen Bühl und Balzer. 1876 wurden bei Bühl 300 t Weißkalk nebst 80 000 Backsteine gebrannt, während Balzer 1000 t Weißkalk und 800 000 Backsteine produzierte.

Das „Ruinchen" gehörte seit 1795 zur umfangreichen von dem berühmten Gartenarchitekten Friedrich Ludwig von Skell konzipierten Oraniensteiner Schloßparkanlage. 1886 fiel es der Kalkindustrie zum Opfer. Darunter: Kalköfen der Firma May & Urban in der Oraniensteiner Straße (heute Anwesen Sehr). 1875 wurden hier 1350 t Weißkalk gebrannt.

Blick vom Fachinger Forst auf die Kalkindustrie in der Diezer Au um 1925. Im Vordergrund Bühls Brücke über die Lahn zum Abtransport von Abraum auf die Fachinger Seite, rechts die beiden Ringöfen und im Hintergrund links die mächtige Kalksteinwand des Unternehmens „Gewerkschaft Nachod".

Bühls Kalksteinbruch mit Ringofen in der Diezer Au um 1890. Gearbeitet wurden täglich 14 Stunden an sieben Tagen in der Woche. Die Sonntagsruhe wurde erst am 1. Juli 1892 eingeführt. Die Belegschaft steht für ein Gruppenbild. In der Mitte Unternehmer Bühl mit Sohn Paul. Im Hintergrund der im Bau befindliche zweite Ringofen zum Kalkbrennen. Der Schornstein ist bereits fertiggestellt.

Belegschaft der Kalkwerke Johann Schaefer auf der „Roten Erde" zwischen Freiendiez und Limburg.
Aufnahme um die Jahrhundertwende.

Schwerarbeiter im Kalksteinbruch um 1900. Damals wurden erstmalig Druckluftbohrer verwendet. Vorher mußten die Bohrlöcher, die den Sprengstoff aufnahmen, mühsam mit der Hand in den Kalkstein geschlagen werden.

Warum werden die Freiendiezer „Hecker" genannt?

Seht, da steht der große Hecker,*
Eine Feder auf dem Hut,
Seht, da steht der Volkserwecker,
Lechzend nach Tyrannenblut!
Wasserstiefeln, dicke Sohlen,
Säbeln trägt er und Pistolen...

* Gemeint ist Friedrich Hecker (1811–1881), der badische
Advokat, Revolutionär und Freiheitskämpfer, der 1848 mit
seinem Freikorps gegen die Truppen des Generals von Gagern
kämpfte, unterlag, und über die Schweiz nach Amerika floh.
Damals symphatisierten junge Freiendiezer Turner mit
Hecker: die „Freiendiezer Hecker".

Hecker-Lied:

Dreiunddreißig Jahre
Währt die Knechtschaft schon.
Nieder mit den Hunden
Von der Reaktion.
Blut, Blut muß fließen
Knüppelhageldick,
Damit wollen wir begießen
Die freie Republik!...

Wenn euch die Leute fragen:
Lebet Hecker noch?
So sollt ihr ihnen sagen:
Ja, ja, er lebet noch!
Er hängt an keinem Baume,
Er hängt an keinem Strick,
Er hängt nur an dem Traume
Der freien Republik!

Kriegerverein ✠ Freiendiez.

Fest-Programm
zur Feier der
Denkmalsenthüllung
mit Kriegerfest
zu Freiendiez
am 30. Juni und 1. Juli 1895.

Samstag, den 29. Juni:
7 Uhr Abends: Glockengeläute und Böllerschießen.

Sonntag, den 30. Juni:
6 Uhr Vormittags: Weckruf und Böllerschießen.
8½ „ Festgottesdienst.
Von 9½ bis 2 Uhr: Empfang der auswärtigen Vereine.
2 Uhr Nachmittags: Aufstellung des Festzuges.
2¼ „ „ Abmarsch nach dem Denkmal.
2½ „ „ Enthüllungsakt. 1. Gesang. 2. Festrede. 3. Gesang: „Heil Dir im Siegerkranz." 4. Uebernahme des Denkmals durch die Ortsbehörde 5. Gemeinsamer Gesang mit Musikbegleitung: „Deutschland, Deutschland über Alles."
3¼ Uhr Nachm: Festzug durchs Dorf nach dem Festplatz. Daselbst Begrüßung der Vereine (Gesang und Ansprache.) Hierauf **Volksfest**.

Montag, den 1. Juli:
6 Uhr Vorm. Weckruf und Böllerschießen.
2 Uhr Nachm. Zug durchs Dorf nach dem Festplatz. **Volksfest**.

Ein Eintrittsgeld zum Festplatz wird nicht erhoben!

Im Ortsteil Freiendiez, an der Straßengabelung nach Limburg und Wiesbaden, stand einst vor der Metzgerei von Karl Groß das Kaiser-Wilhelm-Denkmal. 1895 wurde es zur Erinnerung an den Feldzug 1870/71 und die Freiendiezer Veteranen, die daran teilgenommen hatten, errichtet. Nachdem es im Verlauf vieler Jahrzehnte als fester Begriff in den Sprachgebrauch der Freiendiezer eingegangen war, mußte das ‚Denkmal' Ende 1950 zusammen mit dem Geschäftshaus Groß einer neuen Straßenabrundung weichen. Es wurde damals auf dem Freiendiezer „Kolben" aufgestellt und mutwillig beschädigt.

Erst 1986 konnte das Denkmal auf Initiative des Handwerkerstammtisches und mit Hilfe der Bürgerschaft des Ortsteiles Freiendiez restauriert und am 18. Oktober feierlich enthüllt werden. Nun steht es wieder dort, wo es hingehört, ‚am Denkmal'.

Sedans-Tage vom 31. August bis 2. September 1895 anläßlich der 25jährigen Wiederkehr der den deutsch-französischen Krieg 1870/71 entscheidenden Schlacht und Einnahme der Festung Sedan sowie der Gefangennahme des französischen Kaisers Napoleon III. am 2. September 1870. — Hier beim großen Festzug vom Bahnhof stadteinwärts marschieren als achte Gruppe die Diezer Veteranen (Kriegsteilnehmer von 1870/71) eskortiert von weißgekleideten und girlandentragenden Diezer Mädchen.

Schloß Oranienstein als Königlich-Preußische Kadettenanstalt um 1880. Im Vordergrund: Kadetten mit Offizieren; links und rechts: die 1878 errichteten und 1932 niedergelegten Kadettenwohnhäuser.

Das in Diez garnisonierte II. Bataillon des 2. Nassauischen Infanterieregiments Nr. 88 wurde Ende März 1897 in einen anderen Standort verlegt. Die letzte Wache vor der Alten Kaserne wurde am 31. März 1897 gestellt. Der wachhabende Offizier und siebzehn Soldaten in der damaligen bunten Uniform präsentierten am Kasernentor dem Fotografen.

Am 1. April 1897 zog das I. Bataillon des neuaufgestellten 9. Rheinischen Infanterie-Regiments Nr. 160 in die Garnison Diez ein. Unser Bild, von der Kanalstraße aufgenommen, zeigt die Übergabe der von den Diezer Frauen „ihren Soldaten" gefertigten Bataillonsfahne auf dem Platz vor der alten Kaserne.

Die städtischen und staatlichen Kasernen der Garnison Diez im Silberfeld an der Straße nach Oranienstein um 1950. Im Hintergrund die größtenteils noch unbebaute Schöne-Aussicht-Straße.

Fürstinnen-Gedächtnisfeier 1907.
Am 14. Juli 1907 wurde am Kuhn'schen Haus, genannt „Zum grünen Baum" (heute Schuhhaus Held) in der Wilhelmstraße, eine Gedenktafel für die Fürstinnen Albertine Agnes und Henriette Amalie von Nassau-Dietz-Oranien enthüllt. Anlaß war das 200jährige Bestehen der Diezer Neustadt, die von beiden Fürstinnen gegründet wurde. Das Haus „zum grünen Baum" mit den drei geschnitzten Erkern wurde bereits 1696 fertiggestellt und blieb bis heute unverändert.

1727 wurde die herrschaftliche Papiermühle bei Freiendiez erbaut. Simon Heinrich Römer aus Runkel war der erste Papiermüller im Fürstentum Nassau-Diez. Um 1840 stellte man die Papierherstellung ein. Danach wurde eine Gipsmühle mit Holzschneiderei betrieben. 1892 wurde eine Mahlmühle eingebaut und 1904 wurde dazu ein Elektrizitätswerk angelegt, das Freiendiez bis 1928 mit Strom versorgte. Im Zusammenhang mit dem „Mühlenstillegungsgesetz" wurde die Mahlmühle von Karl-Günther Hatzmann in den fünfziger Jahren stillgelegt.

Bei Niedrigwasser versorgten eine Zwillingsdampfmaschine und dieser 40 PS-Gasmotor die Mahlstühle mit der erforderlichen Antriebskraft.

Der Diezer Radfahrclub im Jahre 1909.

Der Diezer Turn- und Fechtclub von 1875 vor dem Schloß Oranienstein.

1912 wurde nach sechsjähriger Bauzeit das neue Zentralgefängnis in Freiendiez, die heutige Justizvollzugsanstalt Diez, fertiggestellt und bezogen.
Das Zellengebäude ist in panoptischer Form errichtet, d. h. von einem Beobachtungsstand im Mittelpunkt des kreuzförmigen Baues können sämtliche Gänge und Zellentüren in den vier Flügeln auf drei Stockwerken mit einem Blick übersehen werden.
Die Anstalt beherbergt heute ca. 650 Langzeitverurteilte, darunter etwa 70 Lebenslängliche.
Sie ist die größte Justizvollzugsanstalt im Lande Rheinland-Pfalz.

Zwischen den Schienenwegen der Lahntal- und Westerwaldbahn liegt das „Zentralgefängnis Freiendiez", umgeben von hohen Mauern und schmucken Personalwohnhäusern, die auf der Luftaufnahme gut zu erkennen sind.
Die Bundesstraße B 417 von Diez nach Limburg verläuft im oberen Bildteil von rechts nach links oben.

Fürstin Albertine Agnes veranlaßte 1674 die Errichtung der ersten Apotheke in Diez. Johann Caspar Bellon, der erste Apotheker, richtete seine Offizin in diesem Haus in der Altstadtstraße unterhalb des Schloßfelsens ein. Seine Nachkommen blieben im Besitz der Apotheke bis 1749. Dann ging diese an den Apotheker Johann Christian Wuth über und befindet sich seit dieser langen Zeit ununterbrochen im Besitze der Familie Wuth. 1860 wurde ein neues Apothekengebäude, die Wuth'sche Amtsapotheke, in der Wilhelmstraße erbaut. 1905 wurde das Haus in der Altstadt niedergelegt. Beim Abbruch fanden sich herrliche Holzschnitzereien, die heute in der Toreinfahrt der Amtsapotheke in der Wilhelmstraße angebracht sind.

Als die Motorisierung zunahm und man Benzin nicht mehr literweise in der Apotheke kaufte, errichtete 1924 die Deutsch-Amerikanische-Petrol-Gesellschaft eine DAPOLIN-Zapfstelle auf dem Bürgersteig vor der Oraniendrogerie von August Zimmermann. Der Tank befand sich vor dem Eingang zur Drogerie und faßte 2000 l Benzin. An der Säule wird gerade ein Motorrad betankt.

Die Schulkameraden des Jahrgangs 1886 stellten sich bei ihrer 50-Jahrfeier im August 1936 vor dem Ehrenmal auf dem Obermarkt (Ernst-Scheuern-Platz) dem Fotografen.

Die alte Färberei wurde 1870 von Färbermeister Wilhelm Huth auf der „Insel", dem Zusammenfluß von Mühlgraben und Aar, unweit der Oranier-Brücke erbaut.
1894 wurde diese ehemalige Blaufärberei von Wilhelm Hautzel erworben und war bis nach dem Zweiten Weltkrieg in Betrieb.
Im Frühjahr 1991 fiel sie einer Brandstiftung zum Opfer.

In böser Erinnerung bleibt das besonders schlimme Hochwasser am 4. und 5. Februar 1909, das überall schwerste Schäden verursachte. Tauwetter und Dauerregen ließen innerhalb weniger Stunden Lahn und Aar hoch anschwellen. Sämtliche unteren Stockwerke der Häuser in der Rosen-, Altstadt-, Canal-, Schul-, Unter-, Wilhelmstraße und Pfaffengasse sowie vom Alten Markt, Kasernen- und Marktplatz waren überflutet. Ein Blick vom Guckenberg zeigt die völlig überfluteten Freiendiezer Wiesen.

An dem Kandelaber einer Gaslaterne auf dem überschwemmten Diezer Marktplatz hat ein vollbesetzter Kahn angelegt, während ein selbstgebautes Floß längsseits gegangen ist. Die Fluten der zurückgestauten Aar haben ihre Umfassungsmauern erreicht und schon teilweise überstiegen.
Bis an die ehemalige Bäckerei Schwarz (Volksbank) reicht das Hochwasser. Der Guckenberg im Hintergrund ist noch nicht bebaut.

*Hochwasser 1909: Der Stadtteil „Sachsenhausen" und die Diezer Au sind vollständig überflutet.
Im Vordergrund rechts die Alte Lahnbrücke mit Brückenhäuschen.*

Fast hat das Lahn-Hochwasser schon die Alte Lahnbrücke erreicht. Es fehlten nur noch 50 Zentimeter und die Lahnbrücke wäre fortgeschwemmt worden.

Luftkreuzer Z. II schwebt auf der Suche nach einem Landeplatz längere Zeit über der Stadt Diez.

Auf seiner Rückfahrt vom Kaisermanöver in Bad Homburg v. d. H. nach Köln mußte der Reichsluftkreuzer Z. II am 24. April 1910 in der Nähe des Blumenröder Hofes bei Limburg notlanden. Das I. Bataillon des in Diez garnisonierten 9. Rhein. Infanterieregiments Nr. 160 sicherte und bewachte das gelandete Luftschiff.

Z. II auf dem Bucherfeld bei Blumenrod. Länge: 130 m, Durchmesser: 13 m, Zuladung: bis 4000 kg, Füllung: 15 000 Kubikmeter Wasserstoffgas, verteilt in 17 Zellen, zwei Vierzylinder-Maybach-Benzin-Motore von je 130 PS arbeiteten auf 4 Dreiblattdruckschrauben. Reisegeschwindigkeit ca. 45 km/h.

Als am Mittag des 25. April 1910 besonders starke Windstöße einsetzten, riß sich das unbemannte Luftschiff aus seinen Verankerungen los und flog lahnaufwärts davon. Hier am Webersberg bei Weilburg zerschellte der stolze Reichsluftkreuzer Z. II um 13.10 Uhr.
Stunden danach brachten Sonderzüge der Reichsbahn Tausende von Schaulustigen aus allen Richtungen zur Unfallstätte.
Andenkenjäger versahen sich mit Aluminiumstreben und Ballonhautfetzen.
Noch Tage danach waren Mainzer Pioniere mit Bergung und Abtransport der Wrackteile beschäftigt.

Auf dem Festplatz berichtete Techniker Köhler über die Vereinsgeschichte und überreichte als Dank und Anerkennung dem tüchtigen Vereinsdirigenten, Herrn Keul aus Limburg, eine goldene Taschenuhr.
Freiendiez präsentierte sich in herrlichem Fahnenschmuck, bekränzten Häusern und Ehrenpforten aus Tannengrün. Die Festrede hielt Pfarrer Auler

50jährige Jubiläumsfeier des Gesangvereins „Germania" in Freiendiez, am 29., 30. Juni und 1. Juli 1912.

Schier endlos war der Festzug, an dem 40 Gesangvereine teilnahmen, die sich unter den Klängen von drei Musikkapellen durch die Ortsstraßen zum Festplatz auf dem Wirth begraben. Hier ist der Festzug am Denkmal angelangt.

Blick in die Wilhelmstraße um 1910.
Auf der rechten Seite steht das alte Hotel „Hof von Holland". Links die Einfahrt zur Pfeiffer'schen Mühle, auf deren Hof noch ein mächtiger Kastanienbaum steht.

Am 13. Juli 1912 brannte das Hotel „Hof von Holland" bis auf die Grundmauern nieder. Es wurde später in veränderter Form wieder aufgebaut.
Unser Bild zeigt Diezer Feuerwehrmänner am Morgen des 14. Juli 1912 bei der Brandwache.

Die gegenüber der untersten Aarbrücke 1863 nach Plänen des Herzogl. Nassauischen Oberbaurats Boos errichtete Synagoge der Israelitischen Diezer Kultusgemeinde.
Das stattliche Gebäude mit Emporbühne und angebautem Frauenbad hatte mit nur geringen Beschädigungen die berüchtigte „Reichskristallnacht" überdauert. Erst 1950, als sich in Diez keine jüdische Gemeinde mehr zu bilden vermochte, wurde die Synagoge auf Abbruch verkauft und niedergelegt.

Das Deutsch-Israelitische Waisenhaus, auch Kinderheim genannt, wurde 1893 am Schloßberg erbaut. Hier lebten ständig etwa fünfzig jüdische Waisenknaben, die auch die Diezer Schulen besuchten. Betreut wurden sie von dem Ehepaar Kadden. 1936 wurde das Haus von Amts wegen geschlossen und die Insassen verlegt. Das Gebäude diente danach zuerst als Volksschule, nach dem Zweiten Weltkrieg als Berufsschule und Staatl. Gymnasium und wurde schließlich im Zusammenhang mit der Erweiterung des neuen Krankenhauses niedergelegt.

Am 8. August 1914, um 8.30 Uhr, marschierten die Kompanien des I. Batl. des 9. Rhein. Infanterie-Regiments Nr. 160 erstmals in grauen Uniformen feldmarschmäßig zum Verladen gen Westen an den Diezer Güterbahnhof. Am Postamt wurden Offiziere und Soldaten von Bürgermeister Ernst Scheuern und Landrat Max Duderstadt verabschiedet. Vom Einsatz an der Westfront kehrten sie nach 1918 nicht mehr in die Diezer Garnison zurück.
Dafür kamen nun französische Besatzungstruppen nach Diez.

Nach den Bestimmungen des deutsch-französischen Waffenstillstands vom 11. November 1918 gehörte Diez zum Brückenkopf Koblenz. Am 22. Dezember 1918 wurde die Stadt von französischen Einheiten besetzt. Hier präsentiert die französische Stadtwache vor der auf dem Diezer Schloß gehißten Trikolore am 10. Juli 1919.

Kommunionkinder mit Pfarrer Bernhard Eufinger am „Weißen Sonntag" 1919 in der katholischen Herz-Jesu-Kirche in Diez.

Krippenspiel der Pfarrjugend zur Weihnachtszeit 1935 vor dem Hochaltar in der katholischen Pfarrkirche.
Auf Beschluß des Kirchenvorstandes unter Pfarrer Dickopf wurde dieser prachtvolle neugotische Hochaltar im Februar 1955 niedergelegt und durch einen profanen Marmoraltar ersetzt.

Die von Bürgermeister Robert Heck und seinem niederländischen Freund, Dr. Van der Hoop van Slochteren, nach dem Ersten Weltkrieg eingeleitete Hilfsaktion brachte 1921 siebzig unterernährte Diezer Schulkinder zur Erholung in die Niederlande. Dort wurden sie unentgeltlich verpflegt und besuchten auch die dortigen Schulen. Frau Anna Posthumus-Mejyes, die „holländische Großmutter", wie sie liebevoll von den Kindern genannt wurde, betreute auf ihrem Gut Riniastate bei Oudekirkdam allein dreißig Kinder. Die anderen waren in Alkmar, Ede, Elst, Den Haag, Leiden, Woerden, Ravenstein, Zutphen und Zwolle untergebracht. Gut erholt, wohlgenährt und neueingekleidet kehrten die Kinder nach einem halben Jahr nach Diez zurück.

Am 30. Mai 1922: Einholung der neuen Glocken für die evangelische Kirchengemeinde. Hier das Glockenauto am Postamt. Bei der anschließenden Feier auf dem Schloßberg bedankten sich die Diezer Kinder für die niederländische Gastfreundlichkeit. Bürgermeister Heck hielt die Festansprache, während Pfarrer Schwarz die Glocken einweihte. Gestiftet wurden die „Oranier"-Glocke von den Niederländern, die „Concordia"-Glocke von Frau Wegmann, Zürich, und die „Totenglocke" von Familie Theodor Ohl, Diez.

Feierlich eingeholt wurden am 2. Juli 1926 die drei in Geschke/Westfalen gegossenen neuen Glocken der katholischen Kirchengemeinde. Auf dem damaligen Obermarkt vor der katholischen Kirche nahm Pfarrer Eufinger die Glockeneinweihung vor.

Dampfwalze der Maschinenfabrik Theodor Ohl, Diez, mit Mannschaftswagen und Handpumpe fährt zur Verladung auf einen Güterzug auf der Rampe am Diezer Güterbahnhof um 1925.

Ebenfalls auf der Rampe des Diezer Güterbahnhofs haben Arbeiter der Spedition August Ströhm eine Henschel-Feldbahnlokomotive auf ein Schwerlastfuhrwerk aufgeladen, das von 2 PS gezogen wird. Die Lokomotive ist für den großen Kalksteinbruch der Gewerkschaft „Nachod" unterhalb von Altendiez bestimmt.

1923 übernahm Schlossermeister Jakob Tritsch die Schlosserei Reusch, richtete eine neue Werkstatt in der alten Kaserne ein und begann sein Unternehmen mit elf Mitarbeitern. Von der Stadt Diez erwarb Tritsch später das Kasernengebäude. Aus der ehemaligen Schlosserei entwickelten sich im Laufe der Zeit sowohl der Heizungs- und Stahlbau von Udo Tritsch als auch das Autohaus J. Tritsch in der Industriestraße. (Aufnahme um 1925).

Schmiedemeister Philipp Baumann unter dem Vordach seiner Huf- und Beschlagschmiede auf dem Marktplatz an der Aarmauer. Links seine Eltern und Nachbarn. Aufnahme zu Beginn des Ersten Weltkrieges. Das Wohnhaus mit Vordach, unter dem früher die Pferde beschlagen wurden, fiel der Einfahrt zur Tiefgarage zum Opfer.

Parade weiblicher Felkegäste 1927.

Pastor Emanuel Felke aus Sobernheim eröffnete im Mai 1925 das Felkebad in Diez. Die „Felke-Kur" bestand aus Licht-, Luft- und Lehmbädern.
Im August 1926 wurde für den verstorbenen „Lehmpastor" am Felkekurhaus am Hain ein Gedenkstein enthüllt. Das städtische Felkekurhaus wurde 1955 niedergelegt.

Die erste Fußballmannschaft des Freiendiezer „Sportvereins 1911" bestand aus folgenden Spielern: August Heß, Georg Busch, Willi Dreiling, Willi Zahrt, Wilhelm Busch, Albert Reinhard, Albert Ludwig (Tormann), Ignatz Klaas, Karl Berninger, Josef Traudt, Wilhelm Schmidt, Ernst Römer und Karl Schmidt. Die Mannschaft 1924 auf dem Wirth.

Der von 1924 bis 1926 von den Mitgliedern des Turnvereins „Jahn" 1883 Freiendiez in Eigenleistung durchgeführte Turnhallenneubau auf dem Wirth geht seiner Vollendung entgegen. Nach Fertigstellung wurde die Turnhalle am 26. September 1926 eingeweiht.

Die Freiwillige Feuerwehr Freiendiez wurde am 16. Mai 1925 gegründet.
Kommandanten waren August Atzbacher, Wilhelm Seel, Friedrich Schlosser und Anton Nink.
Als schlagkräftige und schnelle Wehr kassierten die Freiendiezer öfters Prämien der Brandversicherungen für erstes Eintreffen und Bekämpfen an Brandplätzen.
Links die Ordnungs- und Sanitätsmannschaft im Sommer 1927 auf dem Sportplatz neben der Turnhalle.

1927 wurde eine Koebe-Motorspritze ($L = 1000$ l/min) angeschafft, die sich in vielen harten Einsätzen hervorragend bewährte.
Im September 1960 wurde sie außer Dienst gestellt.
Die Alterskameraden der FFF mit der Koebe-Motorspritze im Sommer 1950 vor der Jakobuskirche.

Jahrgang 1915 auf der Treppe der Volksschule Freiendiez mit Lehrer Wehr, Rektor Ullius, Konrektor Scheid, einer Handarbeitslehrerin und Lehrer Wörsdörfer um 1925.

Klasse IV des Jahrgangs 1918/19 der Volksschule Freiendiez mit Lehrer Wehr nach einer Turnstunde. Aufnahme um 1928.

Nach Rückkehr vom Nürburgring, auf dem er mit seinem Bugatti-Rennwagen in der 1,5-l-Klasse den „Großen Preis von Deutschland" gewonnen hatte, bereiteten die Diezer Bürger dem Malermeister und Rennfahrer Willi Seibel einen triumphalen Empfang. Hier steht der Sieger mit seinem Bugatti-Rennwagen vor seinem Haus in der Wilhelmstraße im August 1927.

Das schönste Wohnhaus in der Rosenstraße mit oranischem Giebel, wurde um 1700 bei Anlage der Diezer Neustadt errichtet. Von 1772–1795 dienten dieses Barockgebäude der Fürstin Hedwig-Sophie von Anhalt-Bernburg-Schaumburg als Witwensitz. Die Haupträume waren einst stukkiert und die Deckenmedaillons mit Fresken ausgemalt.
Dieses barocke Kunstwerk wurde in den siebziger Jahren an einen Diezer Uhrmacher verkauft, der es niederlegen ließ, um dort ein häßliches Geschäfts- und Wohnhaus zu errichten (Rosenapotheke).

Als bewährte Maßnahme im Kampf gegen die ganze Weinlandschaften vernichtende Reblaus wurden von 1928–1932 mehr als zwei Millionen Reben in der staatlichen Rebenveredelungsanstalt Diez-Oranienstein auf amerikanisches Rebenunterholz aufgepfropft. Dieses Unterholz war resistent und garantierte ein schädlingsfreies Rebenwachstum.
In einem Gebäude, das früher einmal zur Kadettenanstalt gehörte, waren 70 Arbeiter mit der Rebenveredelung beschäftigt.

Das „Mühlchen" an der Lahn unterhalb des Schlosses Oranienstein wurde bereits 1309 urkundich erwähnt als Mühle für das damals noch bestehende Benediktinerinnenkloster Dirstein. Diese Mühle wurde in Erbpacht verliehen und gehörte lange Zeit der Müllerfamilie Beyer.
Im 19. Jahrhundert kam sie an die Familie Stendebach und wurde dann zu einem Gasthaus umgestaltet, das heute noch betrieben wird.
Bild: Familie Stendebach mit Sommergästen um 1930.

DIEZ STADT 600 JAHRE 1329–1929

Anläßlich der Verleihung der Stadtrechte an Diez vor 600 Jahren durch Kaiser Ludwig IV. den Bayern, fanden vom 29. Juni bis Anfang Juli 1929 große Festlichkeiten statt.

Am 30. Juni auf dem Kasernenplatz in Diez: Aufführung des Freilichtfestspiels „Sophie Hedwig, die Mutter des Volkes" (um die Zeit des Dreißigjährigen Krieges) unter Mitwirkung von über 350 Bürgerinnen und Bürgern der Stadt Diez, des Reitervereins Freiendiez, des Frankfurter Künstlertheaters sowie der Weilburger Bürgergarde.

Beim großen Festzug: Diezer Damen und Herren als Hofstaat des Grafen Ernst Casimir (1573–1632) von Nassau-Diez und seiner Gemahlin, der Gräfin Sophie Hedwig von Braunschweig-Lüneburg (1592–1642).

Auf Einladung des Südwestfunks Frankfurt/Main sang am 21. 12. 1930 in der "Stunde des Landes" der "Gemischte Chor" Freiendiez unter Leitung von Rektor Fritz Ullius alte Volksweisen zur Weihnacht.
Hier steht der "Gemischte Chor" mit seinem Dirigenten vor dem neuen Sendegebäude in Frankfurt.

Anläßlich des 75jährigen Bestehens des Männer-Gesang-Vereins "Germania" Freiendiez im Jahre 1927 erfolgte diese Gruppenaufnahme der Vereinsmitglieder vor der Jakobuskirche.
In der Mitte: Dirigent Steuernagel sen., Limburg.

Die Mitglieder des Turnvereins „Jahn" Freiendiez anläßlich des 47jährigen Stiftungsfestes vor der Freiendiezer Turnhalle im Sommer 1930. In Bildmitte (2. Reihe): Turnwart Wilhelm Hild.

In Verbindung mit dem erfolgreichen Aargau-Turnfest im Sommer 1933 feierte der Turnverein „Jahn 1883" Freiendiez sein 50jähriges Stiftungsfest, an dem sich die ganze Gemeinde beteiligte. Das Empfangskomitee in der Jahnstraße vor der Turnhalle: Messerschmidt, Nink, Scheid, Dreiling, Römer, Weimar und Homburg.

Nach dem Festzug versammelten sich Orts- und Gastvereine auf dem Festplatz neben der Turnhalle.

Aargau-Turnfest 1933: Freiendiezer Turnerinnen, die sich an dem Festreigen beteiligten:
(Oben): Paula Fischer, Minna Lotz, Elfriede Wendt, Elisabeth Schmidt, Else Schiller, Hedwig Müller, Else Heß, Erna Seel;
(Mitte): Minna Moog, Berta Klein, Frieda Lotz, Luise Reinhardt, Ella Held, Emma Schmidt, Emmi Sartorius, Ruth Mosig;
(Sitzend): Edith Reh, Emma Leonhard, Elisabeth Römer, Erna Groeff, Liselotte Lieber, Erna Kunz, Trude Hecht, Marie Seel.

Bodenturnen der Frauen auf dem Freiendiezer Sportplatz.

Nach Plänen von Professor Kolbe errichteten 1934 Arbeitsmänner der in Diez stationierten Reichsarbeitsdienstabteilung (RAD) auf dem Diezer Obermarkt dieses Ehrenmal zum Andenken an die Gefallenen des Ersten Weltkrieges.
Gleichzeitig wurde der Obermarkt nach einem deutschen Freiheitskämpfer in „Albert-Leo-Schlageter-Platz" umbenannt.
Auf Befehl der französischen Besatzungsbehörde wurde dieses Gefallenen-Ehrenmal 1947/48 geschleift.
Danach wurde der Obermarkt zum Andenken an den ehemaligen Bürgermeister von Diez, späteren Landrat des Unterlahnkreises und Ehrenbürger der Stadt, Ernst Scheuern (1868–1953), in „Ernst-Scheuern-Platz" umbenannt.

In die „Hitler-Jugend" mußten sie alle! Diezer und Freiendiezer HJ-Angehörige der Jahrgänge 1920–1923 (viele davon fielen im Zweiten Weltkrieg) mit Musikzug im Frühjahr 1935 vor dem Gefallenen-Ehrenmal auf dem damaligen „Albert-Leo-Schlageter.-Platz".

*Im November 1933 wurde am Freiendiezer Denkmal für das „Winterhilfswerk" genagelt, d. h.:
In den Hakenkreuz-Schild konnte jedermann Nägel einschlagen, den Nagel für 10 Rpf. Der Erlös floß dem WHW zu.
Der Tisch ist von Freiendiezer Jugend umlagert, die bereits „genagelt" hat.*

„Ho, ho, ho! Die Fassenacht is do!! 1935 gründete Nikolaus Finkler die „1. Große Karnevalsgesellschaft Diez".
Dem Elferrat gehörten an: Page Liesel Moritz (verw. Kurz), ein Zeremonienmeister, Josef Buet, Postinsp. Schmidt,
Präsident Nikolaus Finkler, Emil Sprecher, Herbert E. Scheuern, Albert Rau, Page Ilse Göbel (verw. Hochstuhl),
Sitzungspräsident Eduard Fischer, Hubert Fischer, Ilse Allstedt, Herr Schwarz, Eduard Bruggaier.
Die Prinzengardisten: Helmut Tüscher, Wilhelm Moritz, Heinz Lehn und Klaus Finkler.
Nach dem Zweiten Weltkrieg wurde 1949 die „1. G. K. G." wieder aktiviert und die erste Kampagne stand 1950
unter Leitung des Präsidenten Willi Nold.

Fürst Wilhelm V. von Nassau-Diez-Oranien (1748–1806) ließ 1796 am Schloßberg ein Waisenhaus errichten, das nachmalige Oberamtshaus und spätere Amtsgerichtsgebäude, das 1970/71 dem Amtsgerichtsneubau weichen mußte.

Bedienstete des Diezer Amtsgerichts im Jahre 1935:
V.l.n.r.: Trzelinski, unbekannt, Neeb, Woigk, Grün, Steinhart, OAR. Rube, Schlimm, Hafermann, Lehmann;
sitzend: unbekannt, Schmidt, Storto.

1928 wurde die Diezer Realschule zu einem Reformrealgymnasium erhoben und nach Oranienstein verlegt. Schülerinnen und Schüler der Obertertia mit ihren Lehrern (untere Reihe links, Mitte und rechts): Rauschenberger, Prof. Gehler und Direktor Liesau bei einem Schulausflug im Garten der Gastwirtschaft Thielmann in Birlenbach um 1931.

Jahrgang 1937/38 der Städtischen Mittelschule Diez im Schulhof in der Rosenstraße (heute HL-Markt) 1948.

Freiendiez wurde 1938 nach Diez eingemeindet.

Mit Verfügung des Oberpräsidenten der ehemaligen Provinz Hessen-Nassau wurde 1938 die finanzstarke Gemeinde Freiendiez mit über 3000 Einwohnern und einer Gemarkungsfläche von über 900 ha in die Stadt Diez eingemeindet. — Die Freiendiezer Gemeindevertreter Ludwig Atzbacher, Wilhelm Lotz, Anton Neunzerling und Friedrich Wittge wurden nach Diez übernommen und bildeten zusammen mit Karl Keßler, Karl Kröner, Paul May, Wilhelm Schaefer, Heinrich Steinborn und Hermann Stein den neuen Diezer Stadtrat, dem noch Bürgermeister Hermann Baumann sowie die Beigeordneten Dr. Rudolf Schlichte und H. Ziegler angehörten. — Die ehemalige Gemeinde Freiendiez wurde umbenannt in „Stadtteil Diez-Ost".

Erst vor einiger Zeit konnte die „Bürgerinitiative Brod" die offizielle Umbenennung des Stadtteils „Diez-Ost" in „Stadtteil Freiendiez" erreichen.

Entscheidung: „Auf Grund der §§ 13 und 15 Abs. 1 in Verbindung mit § 117 Abs. 3 der Deutschen Gemeindeordnung vom 30. 1. 1935 (RGBl. I. S. 49) und ... wird die Gemeinde Freiendiez im Unterlahnkreis mit Wirkung vom 1. April 1938 in die Stadt Diez eingegliedert. pp. Kassel, den 15. November 1937.

Der Oberpräsident der Provinz Hessen–Nassau
gez. Prinz Phillip von Hessen."

Ehemaliges Freiendiezer Wappen mit geteiltem Schild:
Oben: In silbernem Grund rote Kapelle (St. Margarethen),
Fenster: Gelb.
Unten: In rotem Grund ein silbernes Lamm auf grünem Boden; Halsband und Schelle: Gelb. Schafe = Hinweis auf stark betriebene Schafzucht.

Freiendiez von der Wacht aus gesehen.

Truppenvereidigung in Diez. Am 27. Februar 1939 wurden die Rekruten der hier garnisonierten Ergänzungsabteilung — 33 — einer Panzerabwehrformation der Wehrmacht auf dem geschmückten Marktplatz feierlich vereidigt.
Hier: Einmarsch der Fahnenformation.
Im Vordergrund steht eine 3,5 cm Pak (Panzerabwehrkanone).

Nach der Vereidigung marschierten die Soldaten an ihrem Abteilungskommandeur, Hauptmann Keßler, und den Ehrengästen vorbei.

Die Seilermeister Jakob und Johann Lehrmann aus Niederlahnstein eröffneten vor dem Ersten Weltkrieg in der Wilhelmstraße — Ecke Schaumburgerstraße ein Ladengeschäft für Seilereiartikel.
Im Stadtwald Hain, gegenüber dem heutigen Vfl-Sport- und Fußballplatz, stand bis 1949 ihre Seilerhütte. Hier die Gebrüder Lehrmann auf der Seilerbahn beim Seiledrehen. Aufnahme um 1940.

In diesem Hause (Hatzmann) in der Unterstraße befand sich früher das Banklokal der aus dem „Vorschußverein Diez" hervorgegangenen Volksbank Diez-Nastätten GmbH. Aufnahme 1923.

Der mit glänzenden Siegen 1939 begonnene Zweite Weltkrieg endete 1945 mit totaler Kapitulation in einem Meer von Tod, Tränen und Trümmern. — Als die Front vom Westen heranzog, sprengten deutsche Pioniere am 26. März 1945 beide Lahnbrücken in Diez. Die ersten US-Kampftruppen, deren Panzer vorher das Haus Stahlschmidt an der Alten Lahnbrücke in Brand geschossen hatten, besetzten die Stadt, deren Einwohner zum Zeichen der Ergebung überall weiße Tücher vor den Fenstern anbrachten. Die Stadt wurde von dem mutigen Malermeister Willi Seibel übergeben.

„Prosit!" Weinprobe im Keller der ehemaligen Klause Freiendiez, jetzt Weinkeller Preußer, in der Rudolf-Dietz-Straße. Von links: „Kronewirt" Roos, Lehrer Fritz Ochs, Schuhmachermeister Doß, Weinhändler und Gastwirt August Preußer, um 1932. Im Vordergrund das aufflammende Blitzlichtpulver.

„Prosit Neujahr!" Brocksel — oder Brannteweinsuppessen in einer Freiendiezer Gastwirtschaft an Sylvester 1950.

In einer Vortragsreihe während des Sommers 1952 brachte der M.G.V. „Harmonie" Diez im Eberhard'schen Garten deutsche Volkslieder zu Gehör.

Familie Eberhard vor dem Pavillon im Garten ihres Hauses in der Pfaffengasse am 27. August 1903.
V.l.n.r.: Concordia Wegmann jr., Frau Emma Eberhard, geb. Franke (Witwe des nassauischen Hauptmannes Fritz Eberhard, der dieses Anwesen 1861 erworben hatte) mit Schwiegersöhnen und Töchtern; Bruno Aschheim (Berlin), Sybille Aschheim, geb. Eberhard, Dr. Fritz Wegmann (Zürich), Concordia Wegmann, geb. Eberhard, Fritz Wegmann jr. und Clara Eberhard.
Sybille Aschheim und Concordia Wegmann, geb. Eberhard schenkten das Anwesen in der Pfaffengasse 27 auf Veranlassung von Bürgermeister Robert Heck am 22. August 1938 der Stadt Diez mit der Auflage, darin „für alle Zeiten Stadtarchiv und Bibliotheken unterzubringen".

Am 3. November 1955 wurde Diez Garnisonstadt der neuen deutschen Bundeswehr.
Eine Unteroffiziers-Lehrkompanie unter Führung von Hauptmann Thon marschiert über den Marktplatz.

Meldung an den Befehlshaber des Wehrbereichs IV, Generalmajor Herrmann.

Abschreiten der das Gewehr präsentierenden Front durch Generalmajor Herrmann und Landrat Meyer-Delvendahl.

Verkäuferinnen und Verkäufer der Lebensmittelfiliale Schade & Füllgrabe Diez, um 1950, mit Filialleiter Dienethal und Frau (3. bzw. 1. v.r.) in der Wilhelmstraße. Diese Filiale befand sich später in der Rosenstraße und wurde 1970 aufgegeben.

Im September 1961 begannen die Arbeiten zur Überdeckung des erstmals 1260 urkundlich erwähnten Mühlgrabens als Voraussetzung für die Verbreiterung der Wilhelmstraße. Dieses hübsche neoklassizistische Wohnhaus (erbaut von May & Urban 1860) mußte einem Geschäftshaus (Möbel-Guhr) weichen.

Vom 30. Juni bis 4. Juli 1967 feierte der Männer-Gesang-Verein „Harmonie" e.V. Diez sein 125jähriges Bestehen. Auftakt zum „Harmonie"-Jubiläum bildete ein Festakt im Hotel „Hof von Holland". Erste Reihe (v.l.n.r.): Kleinhans, Ehepaar Josef Drechsler, Dr. Müller-Blattau, Frau Reinhard, Schirmherr Landrat Rheinhard, Reg. Vizepräsident Walther mit Gattin und Kreisvorsitzender Stein mit Gattin.

Vereinsvorsitzender Josef Drechsler ernannte zu Ehrenmitgliedern: Johann Liesenfeld, Adam Müller, Fritz Gerhard, Karl Reusch und Karl Schlau.

Der Freiendiezer „Taunus-Club" auf Wanderung im Hohenstraßer Feld in den 60er Jahren.

Kunstmaler Rudolf Fuchs (1892–1985) beim Malen eines Ölbildes vom Ernst-Scheuern-Platz mit dem Schloß im Hintergrund. Seine Staffelei hatte er neben der Gastwirtschaft „Zum Schaumburger Hof" aufgestellt. Aufnahme: 1962.

Staatsempfang auf Barockschloß Oranienstein, gegeben von dem niederländischen Königspaar zu Ehren des Bundespräsidenten Heinemann und seiner Frau.
Nach dem Gala-Diner wurden Museumsdirektor Hermann Heck und Fred Storto I. M. Königin Juliana und S. K. H. Prinz Bernhard der Niederlande sowie dem Bundespräsidenten und Frau Heinemann vorgestellt und führten die hohen Gäste durch die schönsten Räume des Schlosses Oranienstein.

In der Schloßkapelle: I. M. Königin Juliana, Präsident Mr. F. W. van den Berg, Hermann Heck, Bundespräsident Heinemann.

Konfirmandinnen und Konfirmanden des Jahrgangs 1921/22 mit Pfarrer Eibach vor der Jakobuskirche in Freiendiez am Palmsonntag 1936.

Die Fünfzigjährigen (Jg. 1921/22) vor der Jakobuskirche in Freiendiez im August 1972.

Altbürgermeister Robert Heck († 1958) und Bürgermeister Heinrich Kaffiné († 1980) im Festzelt auf der Sachsenhäuser Kirmes im August 1954.

Der Diezer Alte Friedhof, schon seit Jahren aufgelassen, wurde anläßlich des 30. Todestages des Altbürgermeisters Robert Heck zum „Robert-Heck-Park" umgewidmet. An der Einweihung im September 1988 nahmen u. a. teil: Rudolf Künzler, Stadtbürgermeister von 1972–1974, Karl Günzler, Bürgermeister von 1969–1972 und Verbandsbürgermeister von 1972–1989, Theo Michaely, Bürgermeister von 1974–1984, Dr. Renate Lenz-Fuchs, Stadtbürgermeisterin von 1984–1985, Willi Peiter, Stadtbürgermeister von 1985–1988 †.

Altendiez

Vorzeitliche Höhlenfunde aus der jüngeren Steinzeit um 15 000 v. Chr. an der Wildweiberlei weisen auf eine sehr frühe Besiedlung der Gemarkung Altendiez hin. Für den Ort selbst gilt — wie für die Stadt Diez — das Jahr 790 als Datum der Ersterwähnung. Dabei ist nicht auszuschließen, daß sich der erste Beleg für „Theodissa" auf das „Alte Diez" bezieht, dessen Name erstmals 1285 als „Aldindietze" auftaucht.

Das ehemalige Gericht zu Altendiez umfaßte das gesamte Kirchspiel St. Peter und wurde neben der St. Peter-Kirche abgehalten, die 1269 zuerst beurkundet ist. Zur ev. St. Peter-Gemeinde mit Pfarrsitz in Altendiez gehören auch Aull, Hambach, Gückingen und Heistenbach. Nach wiederholten Zerstörungen erhielt die Kirche mit dem Neubau von 1830 ihre heutige Gestalt.

Im 14. Jahrhundert wird ein Ritter Hartmut von Altendiez genannt, der als Amtmann der Diezer Grafen tätig war. Für die Zeit des 30jährigen Krieges melden die erhaltenen historischen Schilderungen schlimme Heimsuchungen des Ortes durch marodierende Soldaten und grausame Hexenprozesse.

Neben der Landwirtschaft war früher der Bergbau in Altendiez von Bedeutung. Im 19. Jahrhundert wurden in der Gemarkung allein 16 Bergwerksfelder für Eisen- und Manganerze genannt. Später baute man auch Kalk, Phosphorit und Dachschiefer ab. Ab 1912 gewannen die Kalksteinbrüche der Gewerkschaft Nachod immer mehr an Bedeutung.

Wegen der günstigen Lage zu Diez und Limburg stieg die Einwohnerzahl des Ortes in den letzten Jahrzehnten stetig an. Baulanderschließung und Gewerbeansiedlung bewirkten eine Ausdehnung weit über die Grenzen des Ortskerns hinaus. 1967 erhielt Altendiez die Mittelpunktschule des Schulverbands St. Peter (seit 1975 Hauptschule für Diez und Umgebung). 1984 wurde die neue Fröbelschule (Sonderschule L) fertiggestellt. Altendiez besitzt zwei Freisportanlagen, zwei Turnhallen und einen Kindergarten.

Das Altendiezer Rathaus mit Gefallenen-Ehrenmal um 1930.

Blick vom alten Dreschplatz auf das frühere Altendiez. (Aufnahme von 1920.)

Altendiezer beim Bimbes-Kochen um 1940:
Der „Bimbes", in diesem speziellen Fall ein Birnensirup, ist ein traditionelles Altendiezer Erzeugnis, dessen Zubereitung von Generation zu Generation überliefert wurde.
Der Birnbaum (Graubirne) war seit eh und je der vorherrschende Obstbaum der Gemarkung.

> Das Rezept:
> Man nehme 75 kg Birnen und 5 kg Zucker. Birnen gründlich waschen und abends zum Kochen bringen, über Nacht garen lassen. Am nächsten Morgen keltern und den Saft im Kessel eindicken lassen, dabei Zucker zufügen.

Das gemeinsame Bimbeskochen war früher ein gesellschaftliches Ereignis, zu dem sich vor allem die Frauen des Dorfes im Spätherbst in den Häusern zusammenfanden.

Altes Fachwerkhaus in der Karlstraße (Aufnahme 1912). *Haus Helenenstraße 14, 1905: Familie Doss.*

Das Frühstück oder Kaffee-Trinken unter freiem Himmel war früher die Regel, besonders wenn die Erntearbeiten anstanden. Vor allem die Kinder freuten sich über das gemeinsame Mahl draußen auf dem Acker: Familie Höhr bei der Kartoffelernte (Aufnahme 1930).

Wagnermeister Hörle und Frau um 1940: Der Wagner gehörte zu den traditionellen Berufen in den von der Landwirtschaft geprägten Dörfern.

In der Schmiede des Georg Linn wurden die Pferde beschlagen und Räder auf die Reifen der Fuhrwerke gezogen.

Der Gemeindebulle von Altendiez wog stolze 28 Zentner. Er genoß besondere Pflege, weil er für den notwendigen Nachwuchs im Kuhstall zu sorgen hatte (Aufnahme ca. 1930 mit Familie Adolf Hirschberger).

Das ganze Dorf war beteiligt, als Heinrich Doss 1927 zu Grabe getragen wurden. Der früh verstorbene Gastwirt, Landwirt und Spengler war in Altendiez eine geachtete Persönlichkeit.

Umzug zum Erntedankfest 1937: An der Spitze die Mitglieder des „Stahlhelm", des 1918 gegründeten Bundes der Frontsoldaten (Teilnehmer des Ersten Weltkriegs), der später von der NSDAP „gleichgeschaltet" wurde.

Kirmes-Montag um 1930: Wie in anderen Dörfern gehörte der Kirmes-Montag früher vornehmlich den „Herren der Schöpfung". Man zog mit der Musik-Kapelle durch das Dorf und stattete traditionsgemäß jedem Gasthaus einen Besuch ab.

Die Altendiezer Turner waren schon immer durch ihre hervorragenden Leistungen bekannt. Hier die siegreiche Turnerriege mit dem Vereinsvorsitzenden Neu (rechts) und dem Turnwart Reusch (links) beim Gerätewettkampf Flacht–Niederneisen–Altendiez im Jahre 1937.

Auch der Fußball hat im Dorf eine lange und erfolgreiche Tradition: Altendiezer Fußballer um 1930.

Der Kalksteinbruch der Gewerkschaft Nachod an der ursprünglichen Wildweiberlei mit Werksbahn und dem ersten firmeneigenen Motorschiff auf der Lahn (um 1920).

Steinbrucharbeiter an der Lore (ca. 1946).

„Bühls Brücke", die frühere Werksbrücke der Gebrüder Bühl/Heistenbach über die Lahn, wurde 1945 gegen Ende des Zweiten Weltkriegs gesprengt. Im Hintergrund die Kalkfelsen der Wildweiberlei.

Die Betriebsanlagen der Kalkmühle der Gewerkschaft Nachod um 1950.

Der große Kamin der Kalkwerke wurde 1952 gesprengt.

Am alten Exerzierplatz der Diezer Garnison, auf der linken Seite der heutigen B 417 Richtung Holzappel nahe dem Waldrand: Im Jahre 1911 nahmen die ersten Flugapparate am „Kaisermanöver" teil, das mit der Erstürmung des Mensfelder Kopfes abgeschlossen wurde.
Das Bild zeigt den Niederländer Fokker vor seinem Goedecker Flugapparat am 18. September 1911.

Aull

Die Geschichte Aulls ist eng mit der „Alten Burg" verbunden, einer ehemaligen Wasserburg 300 m oberhalb der Mündung des Hambachs in die Lahn. Sie ist eines der letzten Beispiele der früher zahlreichen rheinischen Fachwerkburgen. Die Auller Burg, erstmals 1284 als Besitz der Familie Helfenstein erwähnt, wurde im Laufe der Jahrhunderte mehrmals zerstört und wieder aufgebaut, so z. B. im 30jährigen Krieg 1618–1648 und in den „Koalitionskriegen" 1792–1807.

Der Name des Dorfes, früher Ouwele oder Auwyle, leitet sich ab von Au (feuchte Wiesenfläche) und Wile (Waldbach).

Um 1300 entstand in der Mitte des Dorfes die erste Kapelle, die St. Jost-Kapelle, die ab 1560 von St. Peter in Diez betreut wurde.

In früheren Jahrhunderten wurde an den Hängen des „Burgberges" Weinbau betrieben.

Seit 1618 gibt es in Aull eine Schule, die auch von den Kindern aus Gückingen, Staffel und Hambach besucht wurde. Die 1930 errichtete „Neue Schule" wurde 1981 zum Dorfgemeinschaftshaus umgebaut.

Alte Postkartenansicht von Aull aus dem Jahre 1910.

Teilansicht des Dorfes aus dem Jahre 1960: Im Mittelpunkt die frühere Volksschule, die 1981 zum Dorfgemeinschaftshaus umgebaut wurde.

Die Auller Burg vor ihrer letzten Renovierung im Jahre 1960: Die „Alte Burg", eine der seltenen Fachwerkburgen, ist bereits im 13. Jahrhundert urkundlich erwähnt.

Auf dem heutigen Platz am Dorfbrunnen stand früher diese Scheune der Familie Achenbach (Aufnahme 1934).

In diesem Saal der Wirtschaft von Wilhelm Hirschberger fand die Gründung des Männergesangvereins „Eintracht Aull 1859" statt. Das spätere Gasthaus Achenbach wurde abgerissen; an seiner Stelle befindet sich der Dorfplatz mit dem Brunnen (Aufnahme 1910).

Auller Kirmesgesellschaft ca. 1926–1928 im Gasthaus Achenbach: Im Gegensatz zu heute wurde die Dorfkirmes damals von der ganzen Gemeinde zünftig gefeiert.

Turnfest in Aull im Jahre 1926:
Der heutige „TuS Aull" wurde 1897 als
„Turnverein Jahn, Aull" gegründet,
nannte sich ab 1926 „Verein für
Bewegungsspiele" und später
„TuS Jahn Aull".

Beim Turnfest 1926 wurde ein
Festzug durchgeführt und ein
Festzelt errichtet.

Die Sängerinnen des Frauenchores „Liederkranz Aull" bei einem Ausflug auf den Großen Feldberg im Taunus im Gründungsjahr 1931.
Der „Liederkranz Aull" ist noch heute aktiv am Gemeindeleben beteiligt.

Die frühere Pension „Zur Linde" wurde 1981 infolge der neuen Straßenführung in Aull abgebrochen.

Balduinstein

Der Ort unter der Schaumburg wurde im Jahre 1321 durch den Kurfürsten Balduin von Trier gegründet, der gleichzeitig die Stadtrechte verlieh.
Die oberhalb Balduinstein als Ruine erhaltene Burg entstand 1313–1319. Der Bau einer Stadtmauer, die auch den bis heute erhaltenen Portturm einbezog, geht auf das Jahr 1429 zurück.
1565 wurde Balduinstein eigene katholische Pfarrei. Eine Burgkapelle bestand schon seit 1430; die heutige Pfarrkirche St. Bartholomäus wurde 1776 erbaut.
Die Lahntalbahn erreichte den Ort 1862. 1903 wurde die erste Lahnbrücke in Betrieb genommen. Nach ihrer Zerstörung am Ende des Zweiten Weltkriegs entstand 1950 an ihrer Stelle die erste Spannbetonbrücke Europas in Vorbautechnik. 1986 legte die Gemeinde den Dorfplatz mit den historischen Daten Balduinsteins an.
Zur Ortsgemeinde gehört der Ortsteil Hausen (erste Erwähnung 1446), bekannt durch das Obstgut und die ehemalige Gärtnerinnenschule Schwalbenstein. Schwalbenstein ist heute Wohn- und Altenheim des Schwesternordens „Vom Heiligen Herzen Jesu". Bei Hausen ist ein jüdischer Friedhof aus dem Jahre 1721 erhalten.

Balduinstein — Schaumburg

Bis in unsere Zeit war die Gemeinde Schaumburg mit sechs Einwohnern die kleinste selbständige Ortsgemeinde in Rheinland-Pfalz. Seit 1991 gehört sie zu Balduinstein.
Die Entwicklung des Ortes ist eng mit der Geschichte der gleichnamigen Burg oberhalb von Balduinstein verbunden. Die Schaumburg wird 1197 erstmalig erwähnt und war über mehrere Jahrhunderte im Besitz der Grafen von Leiningen-Westerburg. 1656 kam sie an die Nachkommen des Grafen Peter Melander von Holzappel.
Erzherzog Stephan ließ sie in den Jahren 1850—1855 zu einem Schloß im englisch-neugotischen Stil umbauen. Zuletzt waren die Fürsten zu Waldeck und Pyrmont Schloßherren auf Schaumburg.
1985 veräußerte Fürst Wittekind das Schloß und die ausgedehnten Waldungen der ehemaligen Grafschaft an ein privates Immobilienunternehmen. Die zukünftige Bestimmung des repräsentativen Gebäudes und des angrenzenden Hotels Waldecker Hof ist z. Z. ungewiß.

Die „Postkarten-Ansicht" von Balduinstein: In der Mitte der Portturm, ein Teil der alten Stadtbefestigung; hoch über dem Dorf erhebt sich die Schaumburg.

Balduinstein war ehemals mit einer Stadtmauer umgeben; hier das obere Stadttor mit Pfortenhaus im Jahre 1949. Das frühere Stadttor am Burgweg ist noch heute, wenn auch baufällig, erhalten geblieben, während das Pfortenhaus abgerissen wurde.

Der älteste Grabstein auf dem Balduinsteiner Friedhof stammt aus dem Jahre 1598. Der Friedhof wurde bereits 1564 angelegt. Als der Bischof von Trier Balduinstein zur eigenen katholischen Pfarrei erhob, ordnete er zugleich die Anlage eines Friedhofs „vor dem Ort" an.

Die Belegschaft der früheren Schiefergrube in Balduinstein (um 1900).

Die frühere Balduinsteiner Straßenbrücke war eine Stahlkonstruktion. Sie wurde 1902 mit finanzieller Unterstützung der Gemeinden Geilnau, Langenscheid und Hirschberg gebaut, die an der Zufahrt zum Bahnhof interessiert waren. — Die Brücke wurde im März 1945 von deutschen Truppen zerstört (Ende des Zweiten Weltkriegs).
Vor der Brücke: Langenscheider Kinder mit den früher gebräuchlichen einfachen Kastenschlitten.

Martin Heil, der letzte Fährmann von Balduinstein beim Übersetzen auf der Lahn (Aufnahme um 1950).

Die Balduinsteiner haben ihrem Fährmann an der 1950 erbauten neuen Lahnbrücke ein Denkmal aus Stein gesetzt. Die Inschrift auf dem Sockel hat folgenden Wortlaut:

> „Der letzte Fährmann von der Lahn
> den letzten Groschen heut' bekam.
> Von nun an schließt die alte Lücke
> in Balduinstein die neue Brücke."

Balduinsteiner Schulkinder mit Lehrer Achtermeier: Schuljahrgänge 1932–1934.

Kirmesgesellschaft Balduinstein 1938 mit traditionellen Zylindern der „Kirmesburschen".

Die Schaumburg um 1800: Erst in den Jahren 1850 bis 1855 erhielt sie unter Erzherzog Stephan ihre heutige Gestalt!

Georg Victor, Fürst zu Waldeck und Pyrmont, war von 1887 bis 1893 Standesherr auf Schaumburg.

Der Waldecker Hof unterhalb des Schlosses mit seinen schönen Gartenanlagen trug dazu bei, daß die Schaumburg ein attraktives Ziel für Besucher aus allen Ständen war.

Dieses schöne Gartenhaus wurde bei den Umbauarbeiten um 1900 entfernt.

Birlenbach

Hügelgräber aus der Hallstattzeit (um 800 v. Chr.) im „Forst" und am „Grenzkopf" belegen eine frühe Besiedlung der Gemarkung. Noch heute erkennbare Eisensteingruben („Pingen") erinnern an den Bergbau während der frühen Eisenzeit.

Die Ortsgemeinde Birlenbach besteht aus den Ortsteilen Birlenbach und Fachingen. Beide Orte werden im Jahre 1255 als „Berlenbach" und „Vachungen" erstmals urkundlich erwähnt. Landesherren waren die Herren von Leiningen-Westerburg und Schaumburg.

1425 entstand in Fachingen eine Kapelle, 1458 die „Klause", ein früheres Nonnenkloster. — Birlenbach gehörte bis 1817 kirchlich zur ev. Pfarrei Freiendiez, danach zum Kirchspiel Diez.

Die erste eigene Schule wurde 1826 erbaut. 1955 erhielt der Ort ein neues modernes Schulgebäude für Birlenbach, Steinsberg und Wasenbach (heute Grundschule).

In den folgenden Jahren entstanden weitere Gemeinschaftsanlagen: Mehrzweckhalle mit Kindergarten (1969), beheiztes Freibad (1971), Kapellenanbau mit Gemeindezentrum in Fachingen (1975).

Die wirtschaftliche Situation der Gemeinde ist vor allem von dem weltbekannten Fachinger Brunnen („Staatl. Fachingen") bestimmt.

Die Birlenbacher Schulkinder des Jahres 1899 mit ihrem Lehrer Fink.

„Strickschule", so nannte man früher den Handarbeitsunterricht (heute „Textiles Gestalten").
Hier die Birlenbacher Strickmädchen im Jahr 1925 mit der Leiterin Maria Langschied, geb. Fachinger.

Hochzeit Eduard und Berta Zimmermann vor dem Gasthaus Thielmann im Jahre 1906 — in der hinteren Reihe, Mitte, mit hellem Hut der bekannte Mundartdichter Rudolf Dietz.

Das damalige Haus Marklof mußte dem Straßenverkehr weichen.
An seinem Platz befindet sich heute die Bushaltestelle.

Festzug zur Feier des 10jährigen Bestehens des Sportclubs Birlenbach im Jahre 1929.

Die Kirmesgesellschaft Birlenbach 1926 vor dem Gasthaus Thielmann.

Die Belegschaft der Grube Friedrich in Fachingen im Jahre 1909. In der Grube wurde Eisenstein gefördert.

Einfahrt der Bergleute in die Grube.

Der Fachinger Mineralbrunnen ist seit Jahrhunderten Haupteinnahmequelle der Gemeinde. Von Fachingen aus geht noch heute das wertvolle und begehrte Mineralwasser in alle Welt. — Brunnenanlage 1834.

Fachinger Brunnenmädchen mit Krügen, 1850.

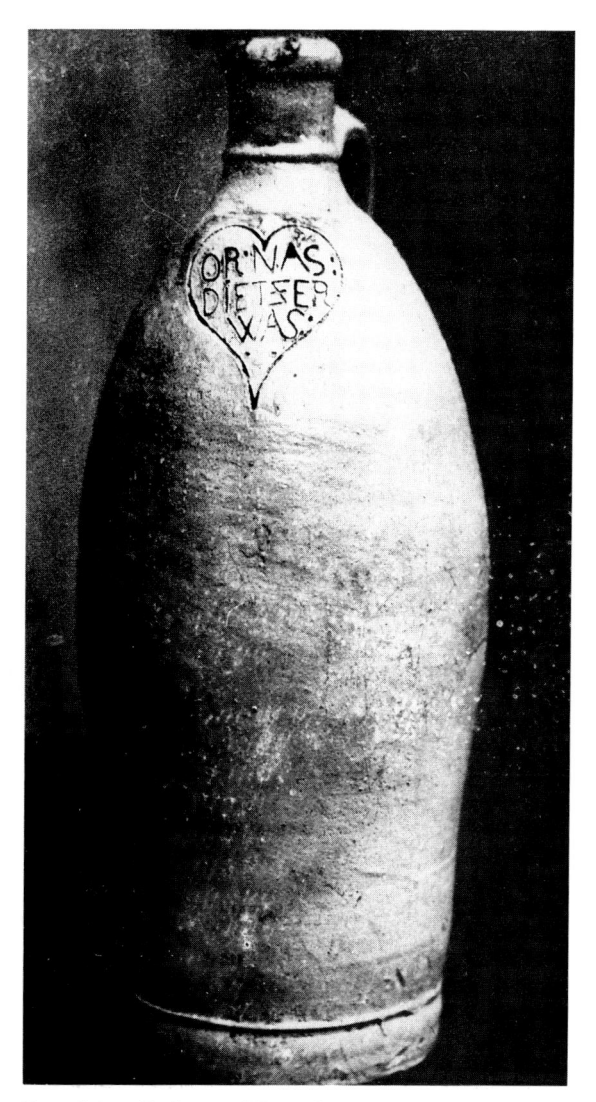

Der älteste Fachinger Wasserkrug mit der Inschrift „Oranien-Nassau-Dietzer Wasser".

Die „Diezer Wasserholer" gehörten über lange Zeit zum Straßenbild zwischen „Guckenberg" und Fachingen.

Mit Handwagen, Karren oder Fahrrädern, vorteilhaft gefertigten Spezial-Leibchen und Umhängetaschen zogen sie vor Sonnenaufgang Richtung Brunnen, um vor Beginn der Frühschicht abgefertigt werden zu können.

*Dabei muß man wissen, daß die Bürger der Stadt Diez aufgrund einer alten Abmachung ein Wasser-Deputat erhielten:
Sie durften täglich kostenlos soviel Wasser holen, wie sie mit einem Male tragen konnten.
Für die Ärmsten der Armen in Diez war dies eine Gelegenheit, ihr kärgliches Einkommen — vor allem während der
Wirtschaftskrise 1930 bis 1933 — durch den Weiterverkauf wenigstens etwas aufzubessern.
Sie bekamen für einen Krug Wasser ganze 10 Pfennige!*

Die Fachinger Kapelle vor und nach ihrer Restaurierung.

Mittlerweile ist sie durch einen Anbau zu einem Gemeindezentrum ausgebaut worden.

Charlottenberg

Charlottenberg ist das jüngste Dorf in der Verbandsgemeinde Diez. Der Ort wurde 1699 als „Waldenser-Kolonie" von der Fürstin Elisabeth Charlotte, der Herrin der Grafschaft Holzappel-Schaumburg, gegründet. Die ersten Bewohner waren 80 protestantische Glaubensflüchtlinge (Waldenser) aus den Alpentälern von Piemont im damals französischen Savoyen.

Die Asylanten bildeten bis 1766 eine eigene Glaubensgemeinde mit Gottesdienst und Schule in französischer Sprache.

1899 errichteten die Charlottenberger der Gründerin ihres Dorfes am Ortseingang ein Denkmal.

Die wirtschaftlichen Verhältnisse waren angesichts der Höhenlage des Ortes und des wenig ertragreichen Bodens vornehmlich von dem kargen Verdienst der Bergleute auf der Grube Holzappel abhängig.

Die 1874 erbaute Volksschule dient heute als Dorfgemeinschaftshaus.

Das Waldenserdorf auf einer alten Postkarte: Waldenserfest 1899 in Charlottenberg zum 200jährigen Bestehen des Dorfes.

Die Ortsstraße im Jahre 1927: das erste Haus rechts und das zweite Haus links sind Waldenser-Häuschen in ursprünglicher Gestalt.

Am 20. August 1899 erfolgte die feierliche Enthüllung des Waldenser-Denkmals am Ortsausgang von Charlottenberg, zum Andenken an die Gründerin des Dorfes, die Fürstin Elisabeth Charlotte von Holzappel-Schaumburg.
1999 werden die Charlottenberger ihre 300-Jahr-Feier begehen.

Die frühere einklassige Volksschule um 1950 mit spielenden Schulkindern auf dem kleinen Pausenhof. Heute dient das Gebäude als Dorfgemeinschaftshaus.

Charlottenberger Schulkinder mit Lehrer Haas um 1900.

Lehrer Ströder und seine „Schulfamilie" bei einem Ausflug ins Grüne (Aufnahme 1938).

Die Freiw. Feuerwehr Charlottenberg im Jahre 1897 vor dem früheren Gasthaus „Zur schönen Aussicht".

Männergesangverein Concordia 1897: Der Verein mußte um 1936 seine Tätigkeit einstellen und konnte nach dem Zweiten Weltkrieg nicht mehr reaktiviert werden, weil es an der notwendigen Zahl der Sänger fehlte.

Cramberg

Der Name Cramberg ist vermutlich abgeleitet von der Lage des Ortes „Im Krampen", der großen Lahnschleife. Die erste urkundliche Erwähnung geht auf das Jahr 1261 zurück.

Bereits 1319 ist eine Kapelle mit eigenem Geistlichen nachgewiesen; die zweite Kapelle entstand 1516, die heutige evangelische Kirche 1791.

Von der 1348 erbauten Burg der Ritter von Cramberg sind nur noch die Reste der Kellergewölbe erhalten.

Im 16. Jahrhundert gehörte das Kirchspiel Cramberg zur Herrschaft Schaumburg, mit der es 1656 an die Grafschaft Holzappel fiel. Von 1616–1698 ließen die Herren von Schaumburg-Westerburg und Holzappel-Schaumburg in Cramberg Gulden, Pfennige, Albusstrücke, Kreutzer und Batzen prägen.

1736 erhielt der Ort sein erstes Schulhaus. 1927 wurde das von den Main-Kraftwerken übernommene Wasserkraftwerk an der Lahn fertiggestellt, das noch heute zur Energieversorgung der Region beiträgt.

Die evang. Kirche Cramberg bildet seit 200 Jahren den Mittelpunkt des Dorfes.
Der Platz vor der Kirche wurde im Rahmen der Dorfentwicklung neu gestaltet.

Konfirmanden des Jahrgangs 1964 mit dem früheren Cramberger Pfarrer Eginhard Kuhmann. Herr Kuhmann war von 1956 bis 1990 Pfarrer in Cramberg-Habenscheid und stand von 1969 bis 1990 dem evang. Dekanat Diez vor.

Heinrich Scheurer war der letzte Berufs-Korbmacher aus Cramberg (Aufnahme 1926): Die Korbmacher („Mahne-Macher") flochten Weidenkörbe aus Weidenruten und Spankörbe aus Haselgerten.

Altbauer und „Silberträger" Heinrich Schwarz auf dem Dietkirchener Markt, hier mit Pflegetochter Sophie Klein und Enkel Heinrich Schwarz, dem späteren Cramberger Bürgermeister.
Die Silberträger haben die Silberausbeute der Grube Holzappel bis zur Mitte des vorigen Jahrhunderts von dort zur Schaumburg getragen (Aufnahme 1905).

In der alten Cramberger Dorfschmiede, Oberstraße 9: Heinrich Jakob Biebricher und Sohn Heinrich bei der Arbeit (Aufnahme 1931).

*1903: Vor dem Bau der Wasserleitung mußte das Wasser am Brunnen oder an der Pumpe geholt werden. Wasserträger mit Tragejoch und Eimern vor der früheren Dorfwirtschaft, heute Gasthaus „Zum Fichtenwirt".
Der Wasserträger ist der „alte Neuhäuser".*

Dieses Wohnhaus diente von 1736 bis 1782 als erste Cramberger Schule, bis dann ein eigenes Schulgebäude errichtet wurde. Die Aufnahme aus dem Jahre 1930 zeigt u. a. Karl Meffert (2. v.l.) mit seinen Eltern.

Das letzte strohgedeckte Haus in Cramberg um 1905.

Das letzte Fachwerkhaus des Dorfes, bei dem das Bauholz, wie es damals üblich war, von der Gemeinde kostenlos zur Verfügung gestellt wurde (Aufnahme 1912).

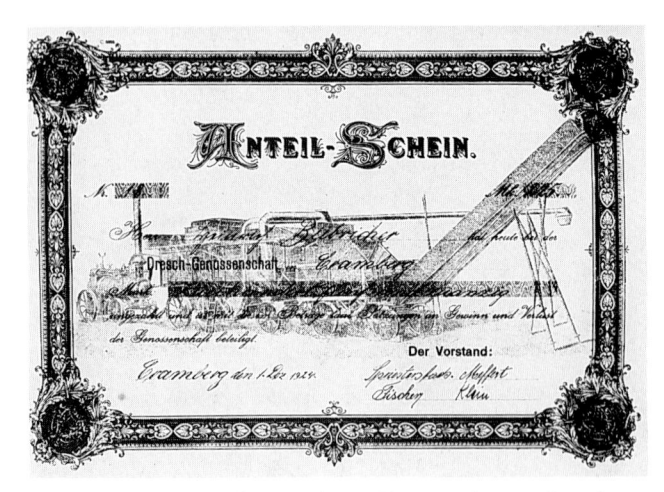

In den Zwanziger Jahren — hier 1924 — gab es in Cramberg eine örtliches Dreschgenossenschaft. Die Landwirte waren mit dem Erwerb von Anteilscheinen (Aktien) an dem Gewinn und Verlust des Unternehmens beteiligt.

Von hier aus hat man einen schönen Blick auf den Ort und das Lahn-Kraftwerk.

Der Cramberger „Club Gemütlichkeit" errichtete im Jahre 1932 den herrlich gelegenen Aussichtstempel auf dem Gabelstein.

Besichtigung des im Bau befindlichen Lahn-Kraftwerks durch die Mitglieder des Kreistages des Unterlahnkreises am 23. Oktober 1926: Das Werk wurde 1926–1927 von der Main-Kraftwerke-AG übernommen.

Das Kraftwerksgebäude während der Bauzeit (1926).

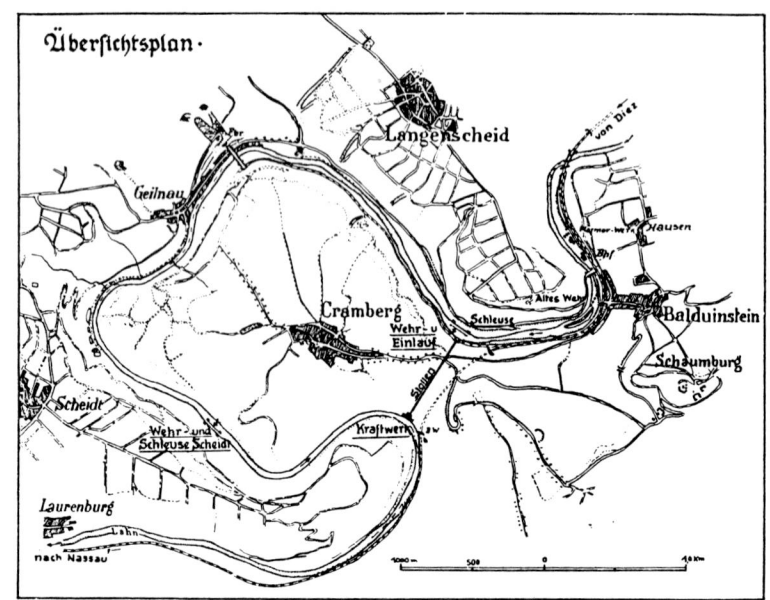

Das notwendige Gefälle für den Antrieb der Wasserturbinen wurde dadurch erreicht, daß die um Cramberg herumführende große Lahnschleife von 7 km Länge durch einen nur 607 m langen Stollen abgeschnitten wird.

Die Mitglieder des Turnvereins 1898 Cramberg beim Festzug anläßlich der Einweihung der vereinseigenen Turnhalle im Jahre 1926 in der Hauptstraße vor der Kirche.

Cramberger Handwerker mit Werkzeugen und spartentypischer Arbeitskleidung: Tag des Handwerks 1933.

Dörnberg

Dörnberg, einstmals „Durinberg", wird 1360 erwähnt und hat vermutlich seinen Ursprung in einer Burg des Götz Durinc. Der Ort hatte schon 1544 eine Kapelle, die der Mutterkirche in Esten (Holzappel) unterstand. 1649 wurde Dörnberg eine eigene evang. Pfarrei, zu der ab 1766 auch die ehemalige französische Waldensergemeinde Charlottenberg gehört.

1743 erhielt Dörnberg die erste Schule; 1903 wurde ein neues Schulhaus errichtet. Die „Hüttenschule" in Dörnberg-Hütte entstand im Jahre 1908.

Das Leben der Einwohner wurde über zwei Jahrhunderte hinweg neben der Landwirtschaft hauptsächlich von der in der Dörnberger Gemarkung befindlichen Grube Holzappel bestimmt. In dem sehr bedeutenden Bergwerk wurden von 1751 bis 1952 vor allem Silber-, Blei- und Zinkerze gefördert.

Zur Ortsgemeinde Dörnberg gehören noch die Ortsteile Kalkofen an der Lahn und die ehemalige Bergmannssiedlung Dörnberg-Hütte.

1990/1991 entstand am Ortsgausgang Richtung Charlottenberg ein stattliches Dorfgemeinschaftshaus.

Treffpunkt für jung und alt war früher die Dorflinde bei der noch heute erhaltenen Pumpe oberhalb des ehemaligen Dorfweihers.

Dörnberger Dorfleben um 1910: Das war die Zeit vor dem Bau der Wasserleitung und der Kanalisation, als die Abwasser — noch ungeklärt — durch offene Rinnen zu beiden Seiten der Dorfstraße abflossen.

Dorfmitte, im Vordergrund links das evangelische Pfarrhaus.

Dorfmitte, rechte Straßenseite.

Die 1903 erbaute „neue" Schule steht heute unter Denkmalschutz. Das Lehrerwohnhaus wurde 1975 abgerissen.

Die einklassige Volksschule Dörnberg um 1910.

Landwirt und Lebensmittelhändler Heinrich Decker (2. von links) 1916 mit Familie. Heinrich Decker war 1. Kreisdeputierter (stellv. Landrat) des Unterlahnkreises und Mitglied des Kommunallandtags des ehemaligen Regierungsbezirks Wiesbaden (1925–1932).

Geschäftiges Leben im Hof der Bäckerei und Landwirtschaft Meier: Während man rechts alle Vorbereitungen zur Ausfahrt zum Getreideschnitt trifft, wird links der Brotwagen beladen, der die umliegenden Orte mit Brot versorgte.

Der frühere Wagner und Stellmacher Julius Jung war bekannt für seine selbst konstruierten dampfgetriebenen Maschinen; hier vor seinem Sägewerk im Jahre 1935.

„Kühbauer" Heinrich Bauer vor der evangelischen Kirche, 1948: Die schöne barocke Dorfkirche wurde 1739–1741 erbaut und zum 250. Jahrestag ihres Bestehens vollständig restauriert.

Hochzeitsgesellschaft Emil und Minchen Keuper 1929: Das halbe Dorf war mit von der Partie, wenn ein junger Mann „unter die Haube" kam.

Die Dörnberger Kirmeskapelle im Jahre 1928.

25jähriges Stiftungsfest des TV Jahn 1886 Dörnberg im Jahre 1911; Fahnenträger ist Heinrich Decker.

Das erste Auto in Dörnberg gehörte Wilhelm Wenig, der neben der Lebensmittelhandlung auch einen Fuhrbetrieb unterhielt (Aufnahme 1935).

*Als Kalkofen noch eine selbständige Gemeinde war:
Otto Keuper als Ortsbürgermeister und Poststellenhalter mit Familie, 1928.*

Eppenrod

Hügelgräber (Brandgräber) aus der Hallstattzeit um 800 v. Chr. lassen auf eine frühe Besiedlung der Gemarkung Eppenrod schließen.

Die Bindung an das von den Konradinern gegründete Stift Limburg weisen den Ort als Gründung des Konradiner-Mönchs Eberhard („Eppo") im 10. Jahrhundert nach.

Die romanische Kirche des Ortes gilt als eine der ältesten in der Esterau und ist vermutlich schon im 13. Jahrhundert entstanden. Sie ist noch heute das Gotteshaus der evangelischen Gemeinde.

1643 fiel Eppenrod mit der Vogtei Isselbach an die Grafschaft Holzappel (Graf Peter Melander von Holzappel).

Eppenrod war vor allem von der Landwirtschaft geprägt. Eine erste Schule bestand bereits 1686. Sie wurde damals auch von den Kindern aus Isselbach besucht. 1835 wurde die neue Schule neben der Kirche erbaut. Seit 1972 besuchen die Eppenröder Kinder die Schulen in Diez und Altendiez.

Dieses Luftbild zeigt nur einen Teil des Ortes mit der evangelischen Kirche im Mittelpunkt und den Anfängen des Neubaugebietes „In der Hassel" (Aufnahme 1969).

Kirche, Pfarrhaus und Friedhof um 1930: Die romanische Kirche von Eppenrod stammt vermutlich aus dem 13. Jahrhundert und zählt zu den ältesten Gotteshäusern im Verbandsgemeinde-Gebiet. Der wuchtige Turm weist darauf hin, daß sie früher als Wehrkirche diente.

Konfirmation 1907: Die Konfirmanden des Kirchspiels Eppenrod-Isselbach mit dem Pfarrer-Ehepaar. Zur Kleidung der jungen „Herren" gehörte damals obligatorisch der Hut.

Konfirmandenjahrgang Eppenrod 1929 mit Pfarrer Eibach.

Nachbarschaftshilfe war früher, wie hier im Jahre 1913 in Eppenrod, eine Selbstverständlichkeit. Der „Hausdrusch" gehörte in diesen Zeiten zu den besonderen Höhepunkten im Jahreslauf des Landwirts.

Familie Kasper bei der Heuernte 1960.

Landfrauen bei Kulturarbeiten im Gemeindewald, Juli 1960: Damals waren die Frauen bei den Aufforstungs- und Pflegearbeiten im Gemeindewald noch unentbehrlich.

Turnfest 1908 in Eppenrod: Die aktiven Turner mit Siegersträußchen am Hut. Der Turnverein „Einigkeit Eppenrod" hat bereits im Jahre 1907 seine Übungstätigkeit aufgenommen. Als offizielles Gründungsjahr gilt indessen 1909, das Jahr, in dem der erste Vorstand gewählt wurde. Nach dem Zweiten Weltkrieg hat der Sportverein „Rot-Weiß" die Nachfolge des früheren Turnvereins angetreten.

Fest des Kyffhäuser-Bundes im Jahre 1912: Der Kyffhäuser-Bund war eine vaterländische Vereinigung vor dem Ersten Weltkrieg. Er war 1900 im kaiserlichen Deutschland zur Pflege militärischer Tradition und Kameradschaft gegründet worden.

Schulklasse der Volksschule Eppenrod 1926 mit den Lehrern Bernhard und Hofmann.

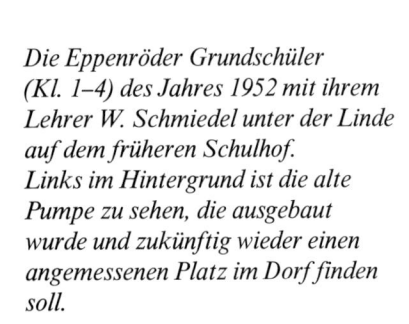

Die Eppenröder Grundschüler (Kl. 1–4) des Jahres 1952 mit ihrem Lehrer W. Schmiedel unter der Linde auf dem früheren Schulhof. Links im Hintergrund ist die alte Pumpe zu sehen, die ausgebaut wurde und zukünftig wieder einen angemessenen Platz im Dorf finden soll.

Ein großes Sängerfest mit Fahnenweihe beging der Männergesangverein „Eintracht" Eppenrod im Jahre 1953 aus Anlaß des 75jährigen Bestehens: Die aktiven Sänger beim Festzug durch den Ort.

Bürgermeister und Gemeindekassenverwalter des damaligen Unterlahnkreises bei einer Studienfahrt nach Michelstadt im Odenwald (1964).

Der Eppenröder Frauenchor im Jahre 1973, mit Chorleiter Schäfer.

Der Lehrer K. Kübeler schrieb um 1965 den Text für dieses Eppenröder Heimatlied, das vor allem von dem Frauenchor gesungen wurde:

Wo des Bornbachs Wasser eilen
von den Höhen hin zum Tal,
liegen deiner Häuser Zeilen
mit den Gassen traut und schmal.
Ob in Freuden oder Not,
lieb ich dich, mein Eppenrod!

Über gut und böse Zeiten
wacht die Glocke hoch im Turm,
deine Menschen treu zu leiten,
sicher auch im ärgsten Sturm.
Von der Wiege bis zum Tod,
lieb ich dich, mein Eppenrod!

Geilnau

Die Geschichte des Lahnortes am Cramberger Bogen, früher Geilenowe, läßt sich bis zum Jahr 1284 zurückverfolgen. 1544 ist eine eigene Kapelle bezeugt, die auch als Kelterhaus für den damals betriebenen Weinbau diente. 1790 ließ Fürst Carl Ludwig von Anhalt-Schaumburg, Graf zu Holzappel, den bereits vorher vorhandenen Mineralbrunnen neu fassen. Das beliebte „Geilnauer Sauerwasser" machte den Ort über ein Jahrhundert weit und breit bekannt.

Von 1900–1937 wurde auf dem Mühlenberg hochwertiger Säulenbasalt abgebaut. Von den umfangreichen Werksanlagen führte eine Eisenbahnbrücke über die Lahn mit Gleisanschluß an die Lahntalbahn.

Die erste Schule des Ortes entstand 1828. An ihrer Stelle steht heute das Dorfgemeinschaftshaus, das im Jahre 1988 seiner Bestimmung übergeben wurde.

Postkarte um 1960: Der Ortskern von Geilnau (Luftaufnahme).

Die Geilnauer Kapelle

Ein Kelterhaus warst du vor Zeiten,
Du liebes, trautes Kirchlein fein.
Die Winzer mußten hier bereiten
Den guten Geilenauer Wein.

Heut' ist gefüllt mit Glöckleins Klängen,
Das wingertlose stille Tal.
Der Enkel Schar bei Weihgesängen
Trinkt Wein beim frommen Abendmahl.

Die Geilnauer Kapelle am Friedhof ist bereits 1630 nachgewiesen und heute Filiale der evangelischen Kirche Langenscheid. Früher, als in Geilnau noch Wein angebaut wurde, soll sie ein Kelterhaus gewesen sein. Rudolf Dietz, verfaßte dazu obiges Gedicht.

Im Geilnauer Basaltwerk wurde hochwertiger Säulenbasalt aus dem „Mühlenberg" oberhalb des Ortes gewonnen. Um 1910 beschäftigte das Werk 230 Arbeiter aus Geilnau und den umliegenden Dörfern, darunter 60 „Gastarbeiter" aus Österreich und Ungarn.

Vom Basaltwerk führte eine Industriebahn über eine eiserne Brücke über die Lahn mit einem Gleisanschluß an die Lahntal-Eisenbahn am Anfang des Cramberger Tunnels zwischen Balduinstein und Geilnau.

*Postkarte um 1930:
Die „Vorstadt" mit dem Mineralbrunnen und dem ehemaligen Schaumburgischen Jagdschloß im Vordergrund.*

*Im 18. und 19. Jahrhundert war Geilnau durch seinen Mineralbrunnen weit und breit bekannt. Der Brunnen wurde 1780 von Carl Ludwig, dem Fürsten zu Anhalt-Bernburg-Schaumburg und Herren der Grafschaft Holzappel, neu gefaßt.
Oberhalb des Brunnens befindet sich das ehemalige Jagdschloß der Herren von Schaumburg.*

Ansicht von dem Mineralbrunnen zu Geilnau. Vue de la source minérale de Geilnau.

1780 bis 1894 wurde von hier aus das Geilnauer „Sauerwasser"
in alle Teile Deutschlands und Mitteleuropas verschickt.
„Der Geilnauer Sauerbrunnen ist eines der vorzüglichsten
Mineralwasser Deutschlands, nicht nur seines vortrefflichen
Geschmacks, sondern auch seines großen medizinischen
Nutzens wegen", so lautete der Titel einer 1815 unter
Mitwirkung namhafter Ärzte und Professoren verfaßten
Werbeschrift.

Wie die Fachinger, so hatten auch die Geilnauer ihr
Brunnenmädchen.

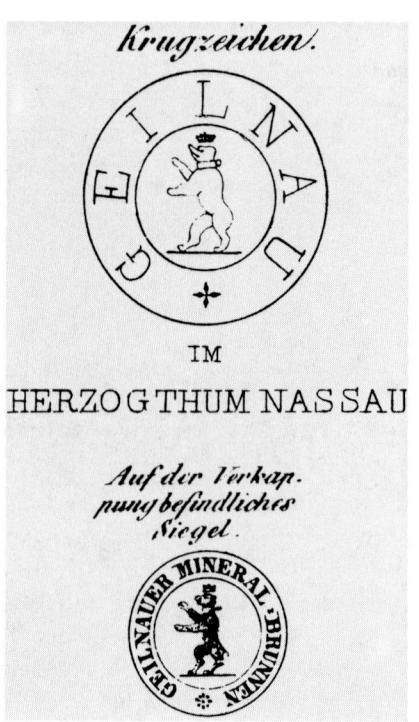

Die Original-Geilnauer Wasserkrüge sind an diesem Zeichen erkennbar.

Geilnauer Bürger beim Straßenbau 1923: Ausbau der neuen Straße nach Holzappel.

Zur Mai-Feier versammelte sich die ganze Gemeinde in der Dorfmitte („Auf der Brücke"). Aufnahme von 1928.

Die alte Geilnauer Schule, erbaut 1827–1828 und 1874 aufgestockt, wurde 1986 niedergelegt. An ihrer Stelle entstand 1987 und 1988 ein modernes Dorfgemeinschaftshaus, überwiegend in Eigenleistung der Bürger.

Die gute alte Schulstube der einklassigen Volksschule Geilnau im Jahre 1963 mit ihrem damaligen Lehrer Gröger und den alten Schulbänken, geordnet nach Viersitzern, Dreisitzern und Zweisitzern.

Gückingen

In der Gemarkung Gückingen befindet sich ein Gräberfeld aus der Hallstattzeit um 800 vor Chr. Der Ort selbst wird 1367 urkundlich erwähnt und unterstand vom 13. bis 15. Jahrhundert dem Kloster Dirstein. Der Ortsname geht vermutlich auf einen Grafen Gugo zurück.

Bis ins 18. Jahrhundert wurde in Gückingen Wein angebaut. („Gückinger Roter").

In einem erhaltenen „Meß- und Lagerbuch" werden in Gückingen um 1750 14 Hofreiten und 84 Einwohner registriert.

Kirchlich gehört der Ort mit Altendiez, Aull, Hambach und Heistenbach zur evangelischen Pfarrei St. Peter.

Die 1878 fertiggestellte neue Schule wurde 1967 Kindergarten.

In der 2. Hälfte des 19. Jahrhunderts wurde in der Gemarkung Eisenstein und Manganerz abgebaut („Grube Schlange", „Grube Höhe").

*Gückingen im Jahre 1969 (Luftaufnahme).
Das Bild zeigt deutlich die Ausdehnung des Ortes über die Grenzen des Ortskerns hinaus.*

Gückingen um 1930 (Postkarte).

*Ortsansichten um 1930:
Rechts unten die alte Schule, die 1967 zum Kindergarten umgestaltet wurde.*

Ortsansicht aus dem Jahre 1949: die meisten Gebäude auf dem Bild sind inzwischen abgebrochen und neu errichtet worden.

Das Lebensmittelgeschäft Eimer um 1900.

Getreideernte mit dem Mähbinder („Selbstbinder") im Jahr 1940.

1955 feiert der Männergesangverein Concordia Gückingen sein 60jähriges Bestehen. Die aktiven Sänger beim Festzug durch das Dorf.

Suchbild!

Vielseitige Möglichkeiten einer sinnvollen Betätigung bot die Landwirtschaft früher für die Kinder, besonders während der Zeit der großen Ferien.
Den beiden der Redaktion unbekannten Jungen scheint die Feldarbeit mit den Kühen große Freude zu bereiten. Wer kennt die freundlichen „Jungbauern" und weiß, wann und wo das Foto entstand?

Hambach

Gräberfunde aus der Eisenzeit weisen darauf hin, daß das Hambachtal bereits in vorchristlicher Zeit besiedelt war. Der Ort selbst wird 1319 im Zusammenhang mit dem Kloster Dirstein als „Haynbach" urkundlich erwähnt. Kirchlich wird Hambach, das nach der Reformation mit der Grafschaft Diez evangelisch wurde, von St. Peter betreut.

Die 1890 erbaute Schule des Ortes war mangels ausreichender Kinderzahl nur bis 1936 und von 1947 bis 1961 in Betrieb. Die Kinder besuchten zeitweise die Volksschule in Eppenrod und gehören heute zum Schulbezirk Diez-Altendiez.

Im 19. Jahrhundert (1840–1893) wurde in der Gemarkung Brauneisenstein gefördert. In drei Gruben waren zeitweise über 300 Bergleute beschäftigt. An der Straße nach Gückingen sind noch heute die Mauerreste des ehemaligen „Röstofens" zu sehen.

Hambach im Hambachtal, mit der L 319 Diez-Görgeshausen und der K 27 nach Gückingen (Luftaufnahmen 1969).

*Hambach im Jahre 1930:
Ortseinfahrt aus Richtung Diez
mit Abzweigung der Dorfstraße
Richtung Gückingen.
Im Gebäude auf der linken Seite
war der „Hessenwirt" zu Hause
(heute Gasthaus „Dibbegugger").*

*Noch im Jahre 1958, als diese Aufnahme
entstand, war die Bebauung in Hambach
kaum über die Grenzen des engen
Ortskerns hinausgewachsen.*

Kornhausten am Waldrand — damals, 1958, gehörten sie zum sommerlichen Landschaftsbild! Heute gibt es in Hambach keinen einzigen Vollerwerbslandwirt mehr.

Hambacher Bürger bei der Waldarbeit (1954): Die Gemeinde Hambach ist so waldarm, daß sie sich — sprichwörtlich — nicht einmal einen Kuckuck halten kann. Im einzigen Walddistrikt „Kelterbaum" wurden 1954 in Gemeinschaftsarbeit Fichten angepflanzt.

Kaspers Hof in der Mitte des Dorfes: So sah er im Jahre 1952 noch aus.

Die alte Brücke über den Hambach mit dem früheren Backhaus, links im Bild: Heute würde man viel darum geben, wenn man es wieder an seinen früheren Platz stellen könnte! (Aufnahme 1953).

Hambacher Freizeit-Kicker im Jahre 1958: Der Hambacher Lehrer Birkenstock war nach dem Zweiten Weltkrieg maßgeblich an der Gründung des Sportvereins Hambach und am Bau des Sportplatzes beteiligt. — Bis heute ist der SV Hambach im Tischtennis aktiv.

Heistenbach

Der erste Nachweis des Ortes am Mittellauf des Heistenbachs geht auf eine Urkunde vom 4. März 1319 zurück.

1562 zählte Heistenbach 14 Haushalte. Infolge von Plünderungen und Heimsuchungen während des 30jährigen Krieges lebten im Jahre 1643 nur noch vier Familien im Dorf.

In den „Scheuern Wiesen" zwischen Heistenbach und Eppenrod sollen einmal Scheunen zur Unterbringung des Heues gestanden haben.

Die Inbetriebnahme eines Ziegelwerkes mit zwei Ringöfen sowie der Abbau von Kalkstein und Marmor förderten die Entwicklung Heistenbachs und führten zu einem starken Anstieg der Einwohnerzahl ab 1900.

Kirchlich gehört Heistenbach zur ev. Gemeinde St. Peter. Die Kirche St. Peter auf einem Felsen hoch über der Lahn bestand bereits 1269 und erhielt 1829/30 ihre heutige Gestalt.

Als erste Schule ist das frühere Glöcknerhaus St. Peter genannt. Im Jahre 1828 erhielt Heistenbach ein eigenes Schulgebäude.

Schulklasse 1908 mit Lehrer Schäfer, der von 1865–1911 in Heistenbach tätig war.

100 Jahre Schule Heistenbach, 1928: Die Heistenbacher Schule wurde 1828 nach Auflösung des Schulverbandes mit St. Peter, Altendiez, als einstöckiges Gebäude errichtet. Zehn Jahre später erhielt sie ein zweites Stockwerk (Lehrerwohnung).
Nach dem Schulneubau 1915 zog die Gemeindeverwaltung in das verwaiste Gebäude ein, das 1970 abgerissen wurde.

Der „Löwenstein" an der Gemarkungsgrenze zwischen Heistenbach und Görgeshausen ist einer der größten und schönsten Grenzsteine im alten Herzogtum Nassau. Er markiert die frühere kurtrierische Landesgrenze und zeigt nach Görgeshausen u. a. das Kurtrierer Kreuz, nach Heistenbach einen Löwen mit der Inschrift „Dietz".

Der 7. August 1920 war für den 1894 gegründeten Turnverein „Vorwärts" Heistenbach ein großer Tag: die neue Turnhalle wird ihrer Bestimmung übergeben. Die Aktiven ziehen, gefolgt von der ganzen Gemeinde, von der Jahnstraße Richtung Turnplatz.

Der Männergesangverein Heistenbach nach einem Wettstreit in Eppenrod, 1928.

Sängerfest 1929: Festkutsche.

Die Zwanziger Jahre müssen in Heistenbach eine sorglose Zeit gewesen sein. Aus keinem Jahrzehnt gibt es mehr Bilder vom jährlichen Kirmes-Treiben. Die Kirmesburschen trugen schon damals bunte Hüte und zogen mit dem Kirmeshammel durch den Ort (1925).

Dorfkirmes 1925: Kirmesgesellschaft.

Kirmesburschen 1925.

*Familie Lotz vor dem väterlichen Haus, 1914:
August Lotz war Eichmeister beim Eichamt Diez.*

Der Marmorsteinbruch „Edelfels" in der Gemarkung Heistenbach um 1920: Der Edelsfels kam hier in Grau, Rosa und Rot vor und war als ein sehr wertvoller Marmor geschätzt. Der Steinbruch war von 1870 bis 1940 in Betrieb und brachte Heistenbach einen enormen wirtschaftlichen Aufschwung.

Steinbrucharbeiter vor einem der mächtigen Marmorblöcke, die mit Drahtseilen und Stahllitzen aus dem Berg gesägt wurden. Das Gewicht solcher Blöcke betrug z. T. mehr als 50 Tonnen.

Acht- bis zehnspännig waren die Schwerlastfuhrwerke bestückt, die die wertvollen Steine zum Bahnhof Diez beförderten, von wo sie per Schiene weitertransportiert wurden.

In den beiden Ringöfen der Gebrüder Bühl wurden bis etwa 1935 Kalk und Ziegel gebrannt. Den Rohstoff für die Ziegelbrennerei lieferten die Lehmschichten, die die Kalkfelsen überdeckten.

Hirschberg

Hirschberg, ehemals Hirtsberg, verdankt seinen Namen dem früheren Wald- und Wildreichtum (Hirsche). Neuere Forschungen belegen die erste urkundliche Erwähnung im Jahre 1336.

Bereits um 1400 gab es in Hirschberg eine Kapelle. In der heutigen, 1892 erbauten evangelischen Kirche hängt noch immer eine Glocke aus dieser Zeit, gegossen 1409.

Als Schule diente etwa ab 1700 ein Wohnhaus; 1827 entstand ein Schulgebäude in der Ortsmitte, 1928 die neue Schule unterhalb der Kirche (heute Dorfgemeinschaftshaus).

In den letzten Jahren ist am Nordrand des alten Ortskerns ein attraktives Neubaugebiet entstanden.

Hirschberg im Luftbild, 1969 — inzwischen ist das Dorf weit über die Grenzen des damaligen Ortskerns hinausgewachsen.

Wind und Wetter haben unsere Vorfahren ebenso geprägt wie die Mühsal der täglichen Arbeit und das kärgliche Brot.

Eheleute Barth um 1890, die Urgroßeltern des heutigen Wilhelm Barth, Hauptstraße 26.

Die Familienausflüge unserer Groß- und Urgroßeltern endeten meist in den nahen Feldern und Wiesen.
Bei der harten Feldarbeit, auch der Hausfrauen und Mütter, war die Kinderbetreuung inbegriffen.

Drillinge im Kuhstall: Ein Glück, daß die Mutter genügend „Zapfstellen" für die drei hungrigen Kälbchen hat!

Waldrodung im Gemarkungsteil „Hillenfeld" (1921–23). Alt und jung, Männer und Frauen, waren bei den Gemeinschaftsarbeiten beteiligt.

Die frühere Dorfschmiede W. Achenbachs hatte keine Chance gegen den „Zahn der Zeit" und die Erfordernisse des zunehmenden Straßenverkehrs auf der B 417.

Dieser 1936 niedergelegte „Einbau" an der Hauptstraße war ein typisches fränkisches Bauernhaus, das Wohnung, Stall und Scheune unter einem Dach vereinigte.

Schulklasse mit Lehrer Ernst Göbel um 1930: Ernst Göbel war von 1918–1933 Lehrer in Hirschberg und hatte sich den damals fortschrittlichen Ideen des „Gesamtunterrichts" verschrieben.
Nach der Machtergreifung der Nationalsozialisten 1933 wurde Ernst Göbel in Hirschberg abgelöst.
Im Protokollbuch des Lehrervereins Holzappel ist zur Versammlung vom 3. April 1933 vermerkt: „Göbel, Hirschberg, ist seit einigen Tagen in seiner Schule in Schutzhaft der SA und konnte deshalb nicht teilnehmen".

Glockenweihe um 1936. Hirschberger Schulkinder begrüßen zwei neue Kirchenglocken.

Im „Tante Emma-Laden" des W. Barth sen. gab es von Persil bis Dr. Oetker-Pudding-Pulver so ziemlich alles, was man früher benötigte.

Walter Weimar versah von 1960–1986 das Amt des Gemeindedieners und Ausschellers für wichtige Bekanntmachungen. Daneben leistete er 32 Jahre (1954–1986) Küsterdienste bei der ev. Kirchengemeinde Hirschberg.

Holzappel

Holzappel wird 959 als „Astine" (Asten, Esten) urkundlich erwähnt. Der Ort war Mittelpunkt der Esterau („Praedia Astine"), eines Gerichtsbezirks im fränkischen Engersgau („Estengericht").

1643 erwarb Graf Peter Melander von Holzappel die Esterau mit den Orten Esten, Dörnberg, Eppenrod, Geilnau, Horhausen, Isselbach, Langenscheid, Laurenberg und Scheidt und machte sie zur Grafschaft Holzappel. Unter der Tochter Melanders, der Fürstin Elisabeth Charlotte von Holzappel-Schaumburg, erhielt der Ort 1688 die Stadtrechte und den neuen Namen Holzappel.

In Holzappel gab es bereits 1198 eine Kirche, über viele Jahrhunderte Mutterkirche für die gesamte Esterau.

Auf ihren Grundmauern wurde 1824–26 die heutige evangelische Kirche im klassizistischen Stil erbaut. Die katholische Kirche St. Bonifatius entstand 1878.

Eine erste Schule gab es schon im 17. Jahrhundert. Die heutige Esterauschule (erbaut 1969) ist die gemeinsame Grund- und Hauptschule der Esterau-Orte einschließlich Balduinstein und Cramberg.

Die wirtschaftliche Situation wurde neben Handwerk und Landwirtschaft über 200 Jahre (1751–1952) vom Erzbergbau in der Grube Holzappel bestimmt. Ihm verdankt der Ort auch die Anlage des Herthasees (Wasserspeicher) und den Besuch des Dichters Johann Wolfgang von Goethe 1815 („Goethehaus").

„Holzappel am Weiher": Der frühere „Thorns Weiher", auch „Stadtweiher" genannt, ist heute trockengelegt und befestigt und dient als Park- und Festplatz (Postkarte 1910).

Seit dem 18. Jahrhundert lebten in Holzappel zahlreiche Juden, die am Wirtschaftsleben teilhatten. Die frühere Synagoge (heute Wohn- und Geschäftshaus) und der jüdische Friedhof erinnern an die ehemaligen Mitbürger, die während der Zeit der nationalsozialistischen Gewaltherrschaft in Europa das Schicksal ihres Volkes teilten.
Seit 1988 befindet sich in dem Rathaus das Heimat- und Bergbaumuseum Esterau, dem 1990 die renovierte Melandergruft in der evangelischen Kirche angeschlossen wurde.

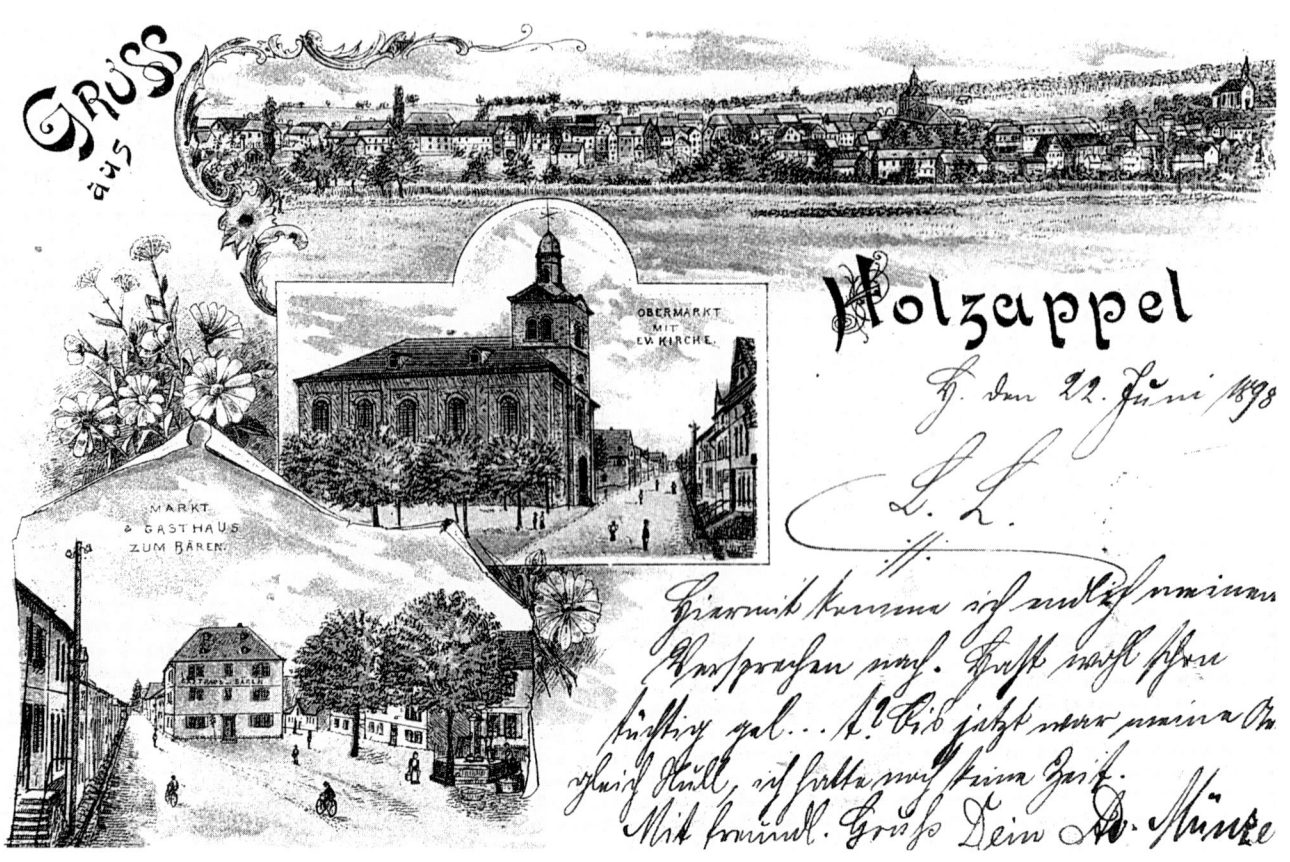

Diese alte Ansichtskarte aus dem Jahre 1898 zeigt neben einer Gesamtansicht des früheren Städtchens mit den beiden Kirchen auch das Idyll der zwei Marktplätze und den ersten Brunnen während der „guten alten Zeit".

Die „Unterstadt" um 1900 präsentiert sich hier mit dem typischen „Holzappeler Pflaster", den Wasserholerinnen (vom Brunnen auf dem Marktplatz) und der evangelischen Kirche mit dem früheren Turm. Den heutigen hochragenden spitzen Turm erhielt die Kirche im Jahre 1904.

Die katholische Pfarrkirche St. Bonifatius wurde 1878 erbaut und betreut außer Holzappel weitere zehn Esteraugemeinden in der katholischen Diaspora. Vor etwa 30 Jahren mußte dieser frühere spitze Turm aus Sicherheitsgründen abgenommen und gekürzt werden (Alte Aufnahme um 1900).

Die „Freiwillige Feuerwehr Holzappel" im Gründungsjahr 1899: Aktueller Anlaß ihrer Entstehung war der „Große Brand" in der Hintergasse, heute Esteraustraße, am 26. Juli 1899, bei dem 15 Wohnhäuser, 10 Ställe und 5 Scheunen total niederbrannten.

Der Holzappeler Bärenbrunnen stand seit dem 18. Jahrhundert auf dem oberen Marktplatz vor Rathaus und evangelischer Kirche (Aufnahme 1908).

Im Juli 1913 wurde der neue Bärenbrunnen auf dem unteren Marktplatz vor dem Hotel „Zum Bären" und dem Goethe-Haus als Heimat- und Kriegerdenkmal für die Esterau errichtet. Auf einer Bronzetafel sind die Namen der Kombattanten (Kriegsteilnehmer) des Deutsch-Französischen Krieges 1870/71 aus allen Esterau-Orten aufgeführt.

Anläßlich der Einweihungsfeierlichkeiten wurde auf dem früheren Turnplatz „Am Forst" das Festspiel „Graf Holzappel" von Dr. Spielmann, Wiesbaden, aufgeführt.

Original-Festpostkarte zur Einweihung des Bärenbrunnens (1913).

Die letzte Postkutsche aus der „guten alten Zeit" in Holzappel:
Ernst Bodewing vor dem Schloßgarten in Laurenburg.

Besitzer der ersten Automobile in Holzappel waren die Ärzte (um 1905): Dr. Harras mit Fahrer.

Im September 1925 wurden die ersten 40 m hohen Masten der 200 000 Volt-Leitung Walchensee-Ruhrgebiet am Ortsende, hier „An den Birken", aufgestellt. Der Kabelquerschnitt betrug 42 mm.

Vollgummi-bereifter Lastwagen der Brauerei Kuhn um 1910.

Umzug zum Erntedankfest 1933.

Am 8. Juli 1917 wurden zwei der drei Glocken der evangelischen Kirche abgenommen und der Waffenproduktion des Ersten Weltkrieges zugeführt. Auf dem Bild v.l.n.r.: Adolf Schlau, Heinr. Schmidt, Heinr. Best, Ludwig Hayn, Adolf Hofmann, Otto Schwarz. Im Vordergrund mit Schild: Hermann Müller.

Wilhelm Hennemann („Rickel-Wilhelm"), Bäckermeister und Landwirt beim Dengeln der Sense.

Und so kannte man den „Rickel-Wilhelm" in Holzappel: Überall in der Gemarkung, wo es etwas zu mähen und zu pflegen gab, war er zur Stelle!

Mütterberatungsstelle Holzappel im Jahre 1920 im „Herrenhaus zum Bären": Staatliche Gesundheitsämter der Weimarer Republik berieten die jungen Mütter nach dem Ersten Weltkrieg in der Säuglingspflege und der Ernährung der Kleinkinder. Das war besonders in der Esterau notwendig, wo es in den ärmeren Bergmannsfamilien viele tuberkulose-gefährdete Kinder gab.

Die Holzappeler „Kinderschule", Vorgängerin des heutigen Kindergartens, befand sich früher in der Hintergasse (Esteraustraße), jetzt Haus R. Brod: Schwester Liesel, die damalige Leiterin, im Jahre 1910 mit ihren Schützlingen auf der hohen Kinderschultreppe.

Am 13. Juli 1910 stattete Ihre Durchlaucht, Fürstin von Waldeck und Pyrmont, der Holzappeler Kinderschule von Schaumburg aus einen Besuch ab und wurde festlich empfangen.

Holzappeler Schulkinder: Die Mädchenklasse der Unterstufe mit Lehrer Fluck im Jahre 1912.

Schulkinder im Jahre 1928 mit den Lehrern Dadischeck und Thuy.

Einschulungsjahrgang 1960 mit Klassenleiterin Schwickert und Schulleiter Schmiedel auf dem alten Schulhof: Am 1. Schultag gab es traditionsgemäß riesige Mürbeteig-Kränze.

Schulaufnahmejahrgang 1956 auf der Treppe der alten Holzappeler Schule in der Hauptstraße (erbaut 1843) mit Lehrer Meurer.

Kaufmann Schwarz am früher gebräuchlichen Stehpult bei der Konto-Führung (um 1910).

Holzappeler Stammtisch im „Deutschen Haus": Winter 1937/1938.

Nach dem Zweiten Weltkrieg wurde der in der früheren Stadt Holzappel abgehaltene „Peter- und Paul-Markt" wieder eingeführt: Hier der erste Festzug im Jahre 1950.

Nach dem Zweiten Weltkrieg entstand auf dem ehemaligen Turnplatz am „Forst" ein Zeltlager des Kreisjugendamtes Erbach im Odenwald. Die Initiative ging von dem früheren Lehrer in Hirschberg und späteren Schulrat Göbel aus (Aufnahme 1950).

Seit 1960 unterhält die Fa. Thyssen, Remscheid, auf dem ehemaligen Reiterplatz bei der Minigolfanlage in Holzappel ein Sommer-Zeltlager für ihre Auszubildenden (Lehrlinge).

Herthasee mit Campingplatz im Jahre 1969: Der frühere Campingplatz mit ca. 300 Stellplätzen war in den Jahren 1953–1973 ein Anziehungspunkt für Erholungssuchende aus nah und fern. Allein 1966 zählte man 59 460 Übernachtungen. Das war mehr als die Hälfte aller Übernachtungen auf den Campingplätzen des damaligen Unterlahnkreises (106 733). — Luftbild 1969.

Die Grube Holzappel

Stellvertretend für die zahlreichen früheren Bergwerke im Bereich der Verbandsgemeinde Diez, in denen unsere Vorfahren z. T. bis in unser Jahrhundert hinein unter widrigsten Arbeitsbedingungen und gegen einen kargen Lohn den Lebensunterhalt für ihre Familien verdienen mußten, sei hier die Geschichte der ehemaligen Grube Holzappel etwas ausführlicher dargestellt:

Im Holzappeler Bergwerk, in der Mitte zwischen Holzappel, Dörnberg und Laurenburg auf Dörnberger Gemarkung gelegen, wurden über 200 Jahre, von 1751–1952, vor allem Silber, Blei und Zink gefördert. Außer zahllosen Nebenschächten und Stollen bestand es aus zwei Hauptschächten, einem Blindschacht und 25 Tiefbausohlen. Die Streckenlänge unter Tage betrug 45 km. Mit rund 1070 m „Teufe" galt die Holzappeler Grube damals als tiefstes Erzbergwerk Deutschlands. Die geförderten Erze wurden zunächst in der alten Holzappeler Hütte — heute Dörnberg-Hütte — aufbereitet und geschmolzen. Nach Inbetriebnahme der Aufbereitungsanlagen in Laurenburg im Jahre 1867 fand die Verhüttung in Bad Ems, später in Stolberg bei Aachen statt.

Gegen Ende des vorigen Jahrhunderts beschäftigte die Grube Holzappel rund 850 Mitarbeiter. Die Bergleute kamen aus der ganzen Esterau und den angrenzenden Orten. Fußwege von je zwei Stunden vor und nach der anstrengenden Schicht waren keine Seltenheit. Zu Hause hatte der Bergmann in der Regel noch eine kleine Landwirtschaft zu versorgen, auf die die meist kinderreiche Familie dringend angewiesen war.

Leidvoll war das Los der Bergmannsfamilien vor allem auch infolge der ungesunden Arbeitsbedingungen unter Tage:

Vor der Einführung der Naßbohrung im Jahre 1936 starben die meisten Bergleute, die vor Ort arbeiteten, zwischen dem 40. und 50. Lebensjahr an Silikose (Staublunge), weil der freiwerdende Erzstaub systematisch die Lunge zerstörte.

Das Bergwerk hat das Bild der Landschaft um Holzappel nachhaltig geprägt. Neben den zahlreichen Halden, die in den letzten Jahren rekultiviert wurden, verdanken die Weiher unterhalb von Holzappel und auch der Herthasee allein ihm ihre Entstehung.

Seit 1988 wird die Geschichte des Bergbaus in der Esterau im Heimatmuseum in Holzappel eindrucksvoll dokumentiert.

1774 wurde der „Holzappeler Taler" als Ausbeutetaler der Grube geprägt. Er zeigt u. a. im Berg über der alten Hütte zwei Haspelschächte.

In der Grube Holzappel wurden über einen Zeitraum von 200 Jahren Silber-, Blei- und Zinkerze gefördert (1751–1952): In dieser alten Hüttenanlage wurden die geförderten Erze bis 1900 geschmolzen („verhüttet"). Danach wurden die aufbereiteten Erze nach Bad Ems transportiert. Im Hintergrund links erkennt man den früheren Stephanschacht (Aufnahme um 1890).

Die weithin sichtbaren Wahrzeichen der Grube waren die beiden Fördertürme des Mittelschachts (links) und des Stephanschachts (rechts).

„Glück Auf! — Grube Holzappel 1886": 1890 wurden bei der Holzappeler Knappschaft 831 aktive Mitglieder, 99 Invaliden, 228 Witwen und 186 Waisen geführt!

Die erste maschinelle Förderanlage des Bergwerks wurde mit Dampf betrieben:
Hier der Fördermaschinist Anton Gasteier aus Scheidt (Aufnahme um 1910).
1933 wurde die gesamte Förderanlage von Dampf auf Elektrizität umgestellt.

Am Förderkorb: Mit Schutzhelm, Karbidlampe und Kaffeeblech geht die Fahrt von hier aus 1000 m tief ins dunkle Erdreich. Die Arbeit „unter Tage" war körperlich schwer und ungesund.

Das erzhaltige Gestein gelangte ab 1904 über diese Seilbahn von der Grubenanlage bei Dörnberg-Hütte zur Aufbereitung in Laurenburg (1,4 km).

Die Aufbereitungsanlagen der Grube Holzappel bei Laurenburg um 1900: Die ersten Werksanlagen entstanden bereits 1866/1867. Im Jahre 1892 wurden sie erweitert und modernisiert.

Als die Einwohnerzahlen „auf der Hütte" (in Dörnberg-Hütte) ständig zunahmen, wurde im Jahre 1908 für die Kinder des Ortsteils eine eigene Schule, die „Hütten-Schule", gebaut. — "Hütten-Schüler" 1922 mit Lehrer Schwarz.

Die einklassige Volksschule Dörnberg-Hütte im Jahre 1959 mit Lehrer Robert Schmidt.

In der ehemaligen „Menage" in Dörnberg-Hütte befanden sich die Schlaf- und Speiseräume für die auswärtigen und alleinstehenden Bergleute: Zur Belegschaft zählten sehr viele Arbeitskräfte aus Österreich und Italien; allein in der Gemeinde Dörnberg waren 1900 79 Italiener angemeldet!

Nachdem die Förderung bereits 1952 wegen Erschöpfung der Erzgänge eingestellt und die Anlagen demontiert worden waren, verschwand 1955 auch das letzte Wahrzeichen der Grube Holzappel aus dem Landschaftsbild der Esterau: Am 10. März 1955 wurde der Förderturm des Stephanschachts gesprengt!

Holzheim

Die erste urkundliche Erwähnung des Ortes geht auf einen Schenkungsvertrag des Klosters Lorsch aus dem Jahre 772 zurück. Später wird eine „Arenburg" bei Holzheim genannt, die 1248 von den Limburgern zerstört worden sein soll. Auf den Trümmern der Arenburg errichtete Graf Adolf von Nassau-Diez 1395 die Burg „Aardeck". Die Aardeck ist bis heute das allseits sichtbare Wahrzeichen von Holzheim geblieben, wozu auch die in den letzten Jahren stattfindenden Aardeck-Festspiele wesentlich beitragen.

In der zum Gefallenen-Ehrenmal umgestalteten alten Kapelle auf dem Friedhof befindet sich noch heute eine Glocke aus dem Jahre 1471. Weitere Zeugnisse der Vergangenheit sind die 1689 erbaute Aardecker Mühle („Hammermühle") und die „Herrschaftliche Hofreith" in der Schloßstraße.

Das um 1700 errichtete frühere Rathaus diente lange Zeit als Schulhaus, Feuerwehr-Gerätehaus und Backhaus. Es mußte 1965 dem Straßenverkehr weichen, ebenso wie die drei alten Dorfbrunnen, die einst natürliche Mittelpunkte des örtlichen Gemeinschaftslebens bildeten.

Die Einwohner Holzheims lebten über Jahrhunderte vornehmlich von der ertragreichen Landwirtschaft in der „Goldenen Grafschaft". Heute ist ein Großteil der Erwerbstätigen im Industrie- und Gewerbezentrum Diez-Limburg beschäftigt, während die wenigen Landwirte die vorhandenen Ertragsflächen rationell mit entsprechendem technischen Gerät weiterhin intensiv bewirtschaften.

Burg Aardeck
(Stahlstich aus dem 18. Jahrhundert).

Alte Ansicht von Holzheim (Postkarte um 1910).

Die Burg Aardeck, deren erste Entstehung ins 11. Jahrhundert zurückreicht, ist das markanteste Wahrzeichen Holzheims am Ausgang des Aartales. Auch die in letzter Zeit regelmäßig stattfindenden Aardeck-Festspiele haben ihren Namen weithin bekannt gemacht (Luftbild 1969).

Die alte Kapelle auf dem Friedhof wurde zum Gefallenen-Ehrenmal umgestaltet. In ihrem Turm hängt noch heute eine Glocke aus dem Jahre 1471.

Dieser frühere Dorfbrunnen aus dem Jahre 1858 mußte 1965 dem modernen Straßenverkehr weichen (Aufnahme um 1900).

Das alte Rathaus in Holzheim, erbaut um 1700, diente als Schule, Feuerwehr-Gerätehaus und „Backes". Es wurde 1960 niedergelegt.

In der Hammermühle bei Holzheim wurde noch nach dem Zweiten Weltkrieg aus Rapskörnern „Rüböl" gepreßt.

Bereits während des Ersten Weltkriegs waren Kriegsgefangene in der Landwirtschaft eingesetzt. Sie wurden — wie hier — an der Dreschmaschine von deutschen Soldaten bewacht. — Die „treibende Kraft" für die Dreschmaschine war die gute alte Dampfmaschine.

Heimkehr von der Kartoffelernte (um 1910).

Ausfahrt zur Feldarbeit (Familie Müller im Jahre 1932).

Der Telegraphen-Bautrupp aus Diez am Bahngleis Diez–Bad Schwalbach–Wiesbaden vor der Burg Aardeck. Zum Leidwesen der Anwohner wurde die Aartal-Eisenbahn vor einigen Jahren stillgelegt.

Horhausen

Das Dorf am Fuße des Höchst hieß früher Horehusen („Häuser am Sumpf") und ist 1338 erstmals erwähnt. Die sehr frühe Besiedlung der Gemarkung ist durch keltische Hügelgräber aus der Zeit von 1000–500 v. Chr. belegt. Das größte, das „Fürstengrab zu Horhausen" wurde 1896 ausgebeutet. Die wertvollen Grabfunde, u. a. eine etruskische Schnabelkanne aus Bronze, ein Armreif und ein Fingerring aus Gold sowie Reste eines vierrädrigen Streitwagens, befinden sich heute im Museum des Schlosses Waldeck/Oberhessen. In der Nähe von Horhausen befand sich bis Ende des 16. Jahrhunderts das Dorf Billenstein, das infolge der Pest untergegangen sein soll.

Seit 1867 bestand in Horhausen eine eigene Schule, die über dem „Backes" untergebracht war, bis 1926 das Schulgebäude (heute Dorfgemeinschaftshaus) erbaut wurde.

Seit 1969 besuchen die Kinder die Esterauschule in Holzappel.

Horhausen aus der Vogelperspektive (Luftbild aus dem Jahre 1969): Im Vordergrund, Ortseingang aus Richtung Holzappel, ist deutlich der „Bahnhof" zu erkennen.
Im übrigen hat sich der Ort in der Zwischenzeit nach allen Seiten ausgedehnt.

Alte Ansichtskarte um 1925: Horhausen ist als typisches „Hufeisendorf" gebaut worden, was in dem oberen Bild zu erkennen ist. Die zahlreichen Neubauten der letzten Jahrzehnte lassen diese Dorfform heute nicht mehr deutlich hervortreten. Das untere Bild zeigt links das frühere Backhaus („Backes"), das lange Zeit auch als Schule und später vorübergehend als Kindergarten diente.

Im Jahre 1925 wurde die neue Volksschule, heute Dorfgemeinschaftshaus, ihrer Bestimmung übergeben. Das ganze Dorf beteiligte sich — trotz strömenden Regens — an dem Umzug vom alten „Backes" zum neuen Schulgebäude.

Die ersten Schülerinnen und Schüler in der neuen Schulklasse, hier mit Lehrer Schnug.

Die alte Dorfschmiede des Schmiedemeisters Karl Menche hat alle Abriß- und Erneuerungstendenzen heil überstanden und ist noch heute zu besichtigen (Aufnahme um 1900).

Schmiedemeister Karl Menche am Feuer (um 1900).

„Früh übt sich…" — Manfred Diehl als sechsjähriger Kuh-Fuhrmann mit Peitsche; im Hintergrund die obligatorische Jauchepumpe („Puddelpump").

Getreideernte um 1930: Das Getreide wurde mit dem „Reff" von Hand geschnitten, mit Hilfe einer Sichel gebündelt und einer „Witt" aus Getreidehalmen zu Garben zusammengebunden. Die Garben stellte man im Felde zu „Hausten" auf, bis sie genügend getrocknet waren, um gedroschen zu werden.

Familien-Frühstück auf dem Felde (um 1930).

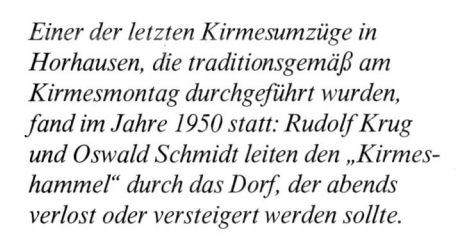

Einer der letzten Kirmesumzüge in Horhausen, die traditionsgemäß am Kirmesmontag durchgeführt wurden, fand im Jahre 1950 statt: Rudolf Krug und Oswald Schmidt leiten den „Kirmeshammel" durch das Dorf, der abends verlost oder versteigert werden sollte.

Beim Wasserholen an der Dorfpumpe wurden die neuesten Informationen ausgetauscht: „Hast du schon gehört . . .?" (Aufnahme 1929).

Der „Sägebock" fehlte in keinem Anwesen: Wer im Winter nicht frieren wollte, mußte für ausreichende Brennholzvorräte sorgen (Gebr. Emil und Philipp Schmidt 1924).

Isselbach

Der Name der Gelbachgemeinde, zu der seit 1973 auch die Ortsteile Giershausen und Ruppenrod gehören, geht auf die adlige Familie „von Usselbach" zurück.
Isselbach taucht in den Urkunden erstmals im Jahre 1355 als eigene Vogtei auf. Bis zum 30jährigen Krieg befand sich nordöstlich des Ortes das Dorf Ober-Isselbach.
Die guterhaltene spätgotisch-frühbarocke Kapelle entstand vermutlich um 1500.
1643 fiel die Vogtei Isselbach mit Eppenrod an die Grafschaft Holzappel.
Bereits 1718 wird die erste Schule erwähnt. Die 1824 erbaute „neue Schule" im Stil des nassauischen Klassizismus steht heute unter Denkmalschutz. Sie wurde 1990/1991 zu einem Bürgerhaus ausgebaut.

Isselbach im Gelbachtal: Postkarte um 1930.
Die frühere Schule (rechts unten) stammt aus dem Jahre 1824 und wurde 1990 im ursprünglichen klassizistischen Stil geschmackvoll restauriert und zu einem Bürgerhaus ausgebaut.

In der schönen alten Kapelle aus dem 15./16. Jahrhundert werden noch heute die Gottesdienste für die evangelische Gemeinde abgehalten.

Die Kirmesgesellschaft Giershausen mit Blaskapelle um 1930 vor dem Dorfbrunnen in Giershausen, gleichzeitig Gefallenen-Ehrenmal.

Wie Giershausen war auch Ruppenrod bis 1972 eine selbständige Gemeinde mit eigenem Ortsbürgermeister (Potkarte um 1930).

Sängerfest 1925: Aktive, Festdamen und Ehrengäste vor dem geschmückten Schulhaus.

Beim Turnfest der Schule im Jahre 1929 schmückten sich die Mädchen mit Blumenkränzen.

Die Isselbacher Schulkinder im Jahre 1933 mit ihrem Lehrer Hoffmann.

Familie Klerner, Giershausen, bei der Heuernte: Vater und Söhne an der Mähmaschine...

...Mutter und Töchter beim Heuwenden.

Wenn die Dreschmaschine ins Dorf kam, wurden viele Hände gebraucht. Hier muß das Stroh von Hand zusammengebunden werden (Aufnahme um 1930).

Erntedankfest 1930 in Isselbach: Jung und alt auf dem festlich geschmückten Erntewagen.

Altbürgermeister Klerner: Andreas Klerner war 50 Jahre Bürgermeister in Giershausen (Aufnahme um 1930).

Nicht umsonst enthält das Wappen von Isselbach drei Fische. In früheren Jahren war der Fischfang in Isselbach ertragreich. Außer Forellen gab es auch Hechte und Weißfische, die man mit dem „Hebgarn" fing (um 1925).

Die relativ große Gemarkung und der ausgedehnte Waldbestand der Gemeinde zogen zu allen Zeiten interessierte Jagdpächter an: Die Jäger und Treiber mit der beträchtlichen „Strecke" einer Wildschwein-Jagd im Jahre 1922.

Schlachtfest in Giershausen um 1930: Hausmetzger war Karl Lotz.

Langenscheid

Das Dorf „auf der langen Scheyde", der Wasserscheide zwischen Daubach und Schwarbach, wird 1298 urkundlich erwähnt. Bereits 1354 ist in Langenscheid eine Kapelle, die „Antoniuskapelle" nachgewiesen. Sie unterstand der Mutterkirche in Esten (Holzappel). Ab 1649 bildete die Gemeinde eine selbständige Pfarrei.

Graf Peter Melander plante den Bau eines Schlosses in Langenscheid, der jedoch wegen dessen Soldatentod (1648) nicht realisiert wurde. Die heutige Langenscheider Kirche entstand 1731 unter dem Pfarrer Hospinian, der die Kartoffel im Nassauer Land einführte.

Die erste selbständige Schule des Dorfes geht auf die Zeit um 1700 zurück. 1840 entstand die „Neue Schule". Der frühere Schulplatz wurde 1983 zu einem Dorfplatz umgestaltet.

Das Erwerbsleben der Gemeinde Langenscheid und ihrer Bürger war über Jahrhunderte von der Land- und Forstwirtschaft geprägt.

Auf den Grundmauern einer alten Kapelle, der „Antonius-Kapelle", erstmals 1354 erwähnt, entstand 1731 unter Pfarrer Hospinian die heutige evangelische Kirche Langenscheid. Das Bild zeigt die Kirche im Jahre 1931 zur Feier des 200jährigen Bestehens. Auf der Rückseite der Festpostkarte steht ein Gedicht von Rudolf Dietz:

Kirche zu Langenscheid

Vor zweihundert Jahren ward neu geweiht
die „Antoniuskapelle" zu Langenscheid. –
Wie einst sie den Vätern schenkt' Gottes Wort,
bleib' sie Kindern und Enkeln ein Trost und Hort,
eine Feier- und Ruhstatt in rastloser Zeit,
ein Vorhof zum Tempel der Ewigkeit!

*An dem Kirchenfest im Jahre 1931 war die ganze Gemeinde beteiligt:
Festzug durch die Oberstraße in Höhe des heutigen Dorfplatzes.*

Der Langenscheider Pfarrer Hospinian führte den Kartoffelanbau im Nassauer Land ein (um 1730). Bekanntlich ist die Kartoffel erst im 18. Jahrhundert zum Volksnahrungsmittel in Europa geworden.
Diese Gedenktafel befindet sich an der Kirche in Langenscheid:

> Joseph Hospinian,
> Pfarrer hier v. 1708–43,
> Erbauer dieser Kirche,
> brachte die Kartoffeln ins
> Schaumburger Land.
> Ehret ihn!

Konfirmandenjahrgang 1918.

Langenscheider Schulkinder mit Lehrer Naß vor der alten Dorfschule, die heute als Gemeindehaus dient. — Bubenklasse 1907.

Mädchenklasse 1907.

Langenscheider Schulkinder 1938 beim Schulausflug mit Lehrer Metzler.

Langenscheid erfreut sich von jeher eines regen Vereinslebens: Der Männergesangverein „Liederwald" im Jahre 1914 anläßlich seines 25jährigen Vereinsjubiläums mit seinem Vorsitzenden Herbel (1. Reihe, 3. v.l.).

Der Jahrgang 1898 beim Umtrunk im Grünen (um 1920).

Die Langenscheider Kirmes ist neben den Vereinsfesten ein besonderer Höhepunkt im Gemeinschaftsleben des Dorfes, der zünftig gefeiert wird: Kirmesgesellschaft 1926 mit Mandolinenclub Langenscheid.

Kirmesgesellschaft mit Blaskapelle vor dem früheren Gasthaus „Zum Grünen Baum" 1930, das sich heute Gasthaus „Zur Post" nennt.

Eines der ersten Autos des Dorfes war eine gemeinschaftliche Anschaffung mehrerer junger Männer; am Steuer Emil Schmidt (Aufnahme 1938).

Die Dampfwalze war insbesondere für die Kinder von damals eine Attraktion: Straßenbauarbeiten in Langenscheid im Jahre 1912; 1. v.l.: Friedrich Küchler.

Noch vor 50 Jahren gehörte zu jedem Haushalt im Dorf eine kleine Landwirtschaft: Die ganze Familie beim Einspannen (1942).

Die Dreschmaschinen wurden vor der Elektrifizierung mit Dampfmaschinen angetrieben. In der Zeit von 1900 bis etwa 1930 hat vor allem die Fa. Best aus Holzappel in Langenscheid Jahr für Jahr das Getreide gedroschen.
Das Bild zeigt Maschinenführer Best an der Dampfmaschine.

Laurenburg

Die Existenz des Ortes ist eng verbunden mit der Geschichte der gleichnamigen Burg, die bereits 1093 als Stammburg des Nassauer Grafengeschlechts nachgewiesen ist. Bereits einige Jahrhunderte davor bestand an der Stelle des heutigen „Oberdorfes" eine vorfränkische Siedlung „Zulheim" (Zilmer).

Am Fuße der Burg ist 1343 ein Schloß, das „neuere Laurenburg" erwähnt. Durch den Grafen Peter Melander von Holzappel kam es 1647 an dessen Nachfahren, die Fürsten von Schaumburg. 1866 wurde es Sitz der Verwaltung der Grube Holzappel. Seit 1962 dient das ehemalige Schloß als Altenwohn- und Pflegeheim der Heime Scheuern.

1563 wird in Laurenburg eine Kapelle erwähnt, deren Standort nicht mehr nachzuweisen ist.

Wirtschaftlich war der Ort vom Bergbau geprägt: Das Erz der Grube Holzappel wurde ab 1866 in Laurenburg aufbereitet und verladen.
Bedeutenden Auftrieb brachte die Fertigstellung der Lahntaleisenbahn 1866 sowie der Bau der ersten Lahnbrücke 1877 und der Lahntalstraße nach Obernhof 1911. — Die erste Schule Laurenburgs entstand 1828.

Die im späten Mittelalter zerstörte Burg wurde in den letzten Jahren mit finanzieller Unterstützung des Landes Rheinland-Pfalz restauriert und damit vor dem Verfall bewahrt.

Laurenburg 1930: Seit dieser Zeit hat sich der Ort erheblich ausgeweitet, vor allem in Richtung Burg.

Hochwasser am 5. Februar 1909:
Im Jahre 1909 war eines der gefürchteten Lahn-Hochwasser, bei dem in Laurenburg viele Keller und Wohnungen unter Wasser standen.

Sinnlose Zerstörung, März 1945:
Die deutsche Wehrmacht hatte gegen Ende des Zweiten Weltkriegs Befehl „von oben", auf dem Rückzug vor den heranrückenden Amerikanern alle Straßen- und Eisenbahnbrücken zu sprengen. Dieser wahnsinnigen Anordnung fielen damals auch alle Lahnbrücken zum Opfer.
Die Aufnahme zeigt die Laurenburger Brücke im Jahre 1946.

Fährmann Fritz Welker, Ostern 1948: Nach der Zerstörung der Brücke kam die gute alte Flußfähre wieder zur Geltung.

Laurenburger Holzfäller im Gemeindewald: Auch das Holzfällen war weitgehend eine Gemeinschaftsarbeit.

Bau der Lahntalstraße Laurenburg–Obernhof in den Jahren 1910 bis 1912: Am 21. Juli 1912 fand gleichzeitig mit der Kirmes in Kalkofen die Eröffnungsfeier statt.

Posthalterin Minchen Großmann um 1890 mit Postboten in Gala-Uniform. Die Post- und Bahnbeamten trugen in der Kaiserzeit zu besonderen Anlässen auf Taille gearbeitete lange Schoßröcke mit zwei Knopfreihen.
Aus dem „Amtsblatt der Königl.-Preuß. Regierung" in Wiesbaden des Jahres 1870 erfahren wir die Vorschriften für die Postzustellung dieser Zeit: Die Botenpost ging damals zweimal am Tag von Holzappel nach Laurenburg und zweimal von Laurenburg nach Holzappel.
Die Abgangs- und Ankunftszeiten waren genau vorgegeben.
a) Holzappel ab 11.15 und 17.15 Uhr; Laurenburg an 12.00 und 18.00 Uhr;
b) Laurenburg ab 9.00 und 15.15 Uhr; Holzappel an 10.00 und 16.15 Uhr.

Laurenburger Schulkinder mit Lehrer Alberti.

Schule Laurenburg um 1895 mit Lehrer Müller.

Kirmesburschen 1930 vor der damaligen Bäckerei und Gaststätte Ludwig.

Ludwig Kah mit dem ersten Laurenburger Auto (1927).

Turnfest des TuS Laurenburg auf dem früheren kleinen Sportplatz bei der Schule; rechts im Bild der damalige Vorsitzende Karl Kah (1951).

Der Laurenburger Mandolinenclub hat eine lange Tradition und wirkt noch heute aktiv am Gemeindeleben mit (Aufnahme 1924).

Die vom Zerfall bedrohte Laurenburg oberhalb des Dorfes wurde vor einigen Jahren durch private Initiative restauriert und damit der Nachwelt erhalten.
Das Bild zeigt die umfangreichen Befestigungs- und Aufbaumaßnahmen im Jahre 1986.

Heute ist die Laurenburg ein gern besuchtes Ziel für Wanderer und historisch interessierte Besucher.
1993 wird sie im Mittelpunkt der Jubiläumsfeierlichkeiten „900 Jahre Laurenburg" stehen.

Scheidt

Im Jahre 1348 wird der Ort im Zusammenhang mit einer adligen Familie „von Scheyde" erwähnt.

Verbindungen zur nahen Laurenburg sind wahrscheinlich: Unter den Nachfolgern der ehemaligen Herren von Laurenburg werden u. a. auch „die von Scheidt" genannt. Das Kloster Schönau bei Strüth/Taunus hatte in Scheidt einen Hof.

Urkunden weisen nach, daß an den Lahnhöhen der Gemarkung bereits 1565 Weinbau betrieben wurde.

Nach der Eröffnung der Grube Holzappel (1751) war der Bergbau der Haupterwerbszweig der Einwohner. Heute wird die wirtschaftliche Situation des Ortes weitgehend von der Verdichterstation der Ruhrgas AG. Essen an der Straße Richtung Holzappel bestimmt.

Die erste Schule des Dorfes wurde 1830 eingeweiht. Seit 1989 besitzt Scheidt ein stattliches Dorfgemeinschaftshaus.

Scheidt um 1900:
Alte Postkarte mit dem Gasthaus „Zur Deutschen Einigkeit".

Luftaufnahme des Ortes (Teilansicht) aus dem Jahre 1950.

Scheidter Bergleute in Uniform mit Hut und Federbusch. Die meisten arbeitsfähigen Männer aus Scheidt verdienten ihr Brot früher in der nahen Grube Holzappel (um 1900).

Haushaltskursus in Scheidt 1893/94. In diesem Kurs, der auf Kosten der Kreiskasse eingerichtet wurde, lernten die Mädchen und jungen Frauen aus Scheidt und Umgebung das Zuschneiden und Nähen von Kleidungsstücken sowie das Flicken, Stopfen, Wäschezeichnen, Bügeln und Kochen. Von den 34 Teilnehmerinnen stammten 15 aus Scheidt, sieben aus Geilnau, sechs aus Laurenburg, vier aus Cramberg und zwei aus Biebrich. Leiterin war Frau Rörsch, die Ehefrau des Scheidter Lehrers.

Letztes Pferdegespann in Scheidt im Jahre 1961 mit dem Mähbinder: Familien Wilhelm Voll und Heinrich Herpel.

Scheidter Bergmanns-Witwen: Die ungesunde und harte Arbeit der Männer in der Holzappeler Grube machte die Frauen früh zu Witwen (Aufnahme um 1930).

Die Scheidter Kirmes, eine der ersten in der näheren Umgebung, erfreute sich großer Beliebtheit auch bei den Nachbardörfern; Aufnahme September 1931 mit Blaskapelle Thorn.

Pressebericht 1970 (Lahnzeitung):

Das war die Blaskapelle Thorn

-b- SCHEIDT. Zur Zeit der jetzt überall beliebten Zwetschenkirmessen erreicht uns dieses Foto. Es ist nicht das neueste, aber manch altem Scheidter wird das eine oder andere Gesicht noch bekannt sein. Während heute nach elektronischer Musik getanzt wird, bliesen vor einem halben Jahrhundert (das Foto entstand 1920) die Musikanten noch mit vollen Backen in ihre Trompeten.

Auf dem Bild stellten sich die Gebrüder Thorn (Eduard, Georg, Wilhelm und Fritz) mit ihren Tenor- und Baßhörnern vor. Sie spielten Walzer, Rheinländer, Polka und Schottisch. Böse Zungen behaupteten damals von den Scheidter Bergmannsmusikanten: „Der Herrgott schuf in seinem Zorn aus Scheidt die Blaskapelle Thorn."

Nun, die blankgeputzten Instrumente verrieten, daß die „Beatband" anno dazumal diesen Schüttelreim nicht allzu tragisch nahm. Im Hintergrund die Kirmesschar vor der damaligen Wirtschaft und Bäckerei Wilhelm Zimmermann.

Archivbild: H. Bauer

Schulklasse von 1912 mit Lehrer Fink.

Schulklasse 1924 unter den Linden vor dem alten Schulgebäude mit Lehrer Groß.

*In den Zwanziger Jahren und nach dem Zweiten Weltkrieg war Scheidt eine Hochburg des Faustballsports. Der Turnverein Scheidt 1920 errang mehrere Gau- und Landesmeisterschaften.
TV Scheidt Gaumeister 1923: (v.l.:) Anton Schuck, Ernst Fischer, Wilhelm Voll, Otto Martin, Heinrich Voll.*

TV Scheidt Landesmeister 1927: (v.l.:) Fritz Voll, Heinrich Voll, Wilhelm Voll, Anton Schuck, Otto Martin.

Steinsberg

Der Ort auf den Höhen des Rupbach- und Lahntales wird bereits 1328 urkundlich erwähnt. Sein Name ist vermutlich von einem steinigen Berg abgeleitet, dem heute bewaldeten „Küppel" in der Nähe des Ortes, der auch auf dem Wappen Steinsbergs dargestellt ist.
1828 erhielt Steinsberg eine eigene Volksschule.
1951 wurde das heutige Rathaus auf den Grundmauern des niedergelegten alten Backhauses errichtet.
Kirchlich gehört Steinsberg zum evangelischen Kirchspiel Cramberg-Habenscheidt. Bis zum Bau der Kirche in Wasenbach im Jahre 1910 fanden die sonntäglichen Gottesdienste in der Habenscheider Kirche statt.
Innerhalb der Gemarkung des Dorfes, im Rupbachtal, wurde bis etwa 1950 Schiefer gefördert: Grube „Schöne Aussicht" und Grube „Mühlberg". —
In den Steinbrüchen der Schotterwerke Isselbach, Werk Steinsberg, wird bis zum heutigen Tag Diabas abgebaut.

Am Fuße eines bewaldeten Hügels, des „Küppel", liegt Steinsberg. Dieses Luftbild aus dem Jahre 1969 zeigt deutlich die geschlossene Bebauung des Runddorfes.

Postkarte um 1950.

Gruß aus Steinsberg / Unterlahnkreis

Das alte Steinsberger Rathaus mit Backes und Viehwaage im Jahre 1934: Der große Kastanienbaum steht noch heute auf dem Dorfplatz, während das Rathaus umgebaut, vergrößert und mit einem Glockenturm ausgestattet wurde.

*Steinsberger Schulkinder im Jahre 1910 vor dem früheren Schulgebäude:
Der Glockenturm wurde 1950 abgetragen; die Schule selbst dient heute als Wohnhaus.*

Getreideernte um 1920:
Die Roggen-Garben wurden zu „Hausten" zusammengestellt und erhielten einen „Hut" gegen den Regen auf.

Kuhgespann mit Erntewagen, 1939:
Die Generation der Großväter und -mütter war bei der Landarbeit unentbehrlich.

253

Kochkursus der Steinsberger Hausfrauen um 1910. Im Hintergrund befindet sich die Tür mit dem Herz (Klosett) und darüber die Öffnung zum Hühnerstall, die abends geschlossen wurde, damit Fuchs, Iltis oder Marder kein Unheil anrichten konnten.

Belegschaft der Schiefergrube „Schöne Aussicht", 1910: Neben der Landwirtschaft war Steinsberg vom Schiefer- und Basaltabbau geprägt.

Belegschaft des Steinbruchs „Westdeutsche Hartsteinwerke" im Rupbachtal, 1930.

Belegschaft der Schiefergrube „Mühlberg", 1950.

Spätheimkehrer Heinrich Thorn wird am 18. Dezember 1955 nach mehr als zehnjähriger Gefangenschaft in Rußland ...

... mit Transparenten und einem Kinderfackelzug herzlich von den Dorfbewohnern begrüßt.

Wasenbach

Der Ort an der Grenze zum Einrich wird 1328 urkundlich erwähnt.
In der Gemarkung Wasenbach liegt der Hof Habenscheid, der Rest eines ehemaligen Dorfes, das bereits 790 als „Abothisscheid" bezeugt ist. Die ehemalige Pfarrkirche von Habenscheid mit dem romanischen Turm ist 1198 nachgewiesen. Sie war über Jahrhunderte das Gotteshaus der umliegenden Gemeinden Bärbach, Biebrich, Cramberg, Steinsberg und Wasenbach.
Die heutige evangelische Kirche in Wasenbach entstand 1910. Zum Kirchspiel gehören auch Biebrich und Steinsberg. Seit 1910 findet in Habenscheid kein regelmäßiger Gottesdienst mehr statt.

Wasenbach um 1969 — Luftaufnahme.

Der damals noch kahle, unbewachsene „Küppelberg" mit der 1910 erbauten evangelischen Kirche; im Vordergrund die Straße zum Rupbachtal mit der üblichen Schotterdecke.

Das alte Backhaus war früher der Mittelpunkt des Dorfes.

Wasenbacher Frauen beim Flachsrupfen: Während des Zweiten Weltkrieges wurde der früher weit verbreitete Flachsanbau wieder eingeführt, um Textilfasern zu gewinnen (Leinen). Infolge des Kriegsgeschehens war die Einfuhr von Baumwolle total unterbunden.

Während der Haupterntezeiten (Heu-, Getreide- und Kartoffelernte) war die ganze Familie — meist mit drei Generationen — auf dem Feld oder in den Wiesen. Die Mahlzeiten wurden vielfach draußen unter freiem Himmel eingenommen und aus dem Korb serviert.

Den damals noch „fernsehfreien" Feierabend verbrachte man an warmen Sommerabenden vor dem Haus auf der Treppe oder einer Bank, um von der Arbeit auszuruhen und die „neuesten Nachrichten" auszutauschen.

Robert Heyeckhaus, der Vater des Schreiners Heinrich Heyeckhaus, im „Sonntagsstaat".

Zur Kleidung der älteren Frauen gehörte, auch nach getaner Pflicht, die obligatorische Schürze.

Wasenbachs Schulkinder im Jahre 1913.

1932: Die erfolgreiche Turnerriege Wasenbachs mit Siegerkränzen.

261

Konfirmanden 1938 mit Pfarrer Felsch.

Die Kirche Habenscheid in der Gemarkung Wasenbach ist eine der ältesten im Bereich der Verbandsgemeinde Diez. Bis 1910 war sie das Gotteshaus für die allsonntäglichen Wasenbacher Kirchgänger. Gottesdienste werden hier heute nur noch bei besonderen Gelegenheiten abgehalten.